O OFÍCIO DO CONTADOR DE HISTÓRIAS

Gislayne Avelar Matos
Inno Sorsy

O OFÍCIO DO CONTADOR DE HISTÓRIAS

Perguntas e respostas, exercícios práticos e um repertório para encantar

wmf **martinsfontes**

SÃO PAULO 2013

1ª edição *2005*
3ª edição *2009*
2ª tiragem *2013*

Acompanhamento editorial
Helena Guimarães Bittencourt
Preparação do original
Margaret Presser
Revisões gráficas
Maria Regina Ribeiro Machado
Maria Luiza Favret
Dinarte Zorzanelli da Silva
Produção gráfica
Geraldo Alves
Paginação
Moacir Katsumi Matsusaki

Dados Internacionais de Catalogação na Publicação (CIP)
(Câmara Brasileira do Livro, SP, Brasil)

Matos, Gislayne Avelar
O ofício do contador de histórias : perguntas e respostas, exercícios práticos e um repertório para encantar / Gislayne Avelar Matos, Inno Sorsy. – 3ª ed. – São Paulo : Editora WMF Martins Fontes, 2009.

Bibliografia.
ISBN 978-85-7827-170-1

1. Arte de contar histórias 2. Contadores de histórias 3. Contos 4. Pedagogia 5. Perguntas e respostas I. Sorsy, Inno. II. Título.

09-07229 CDD-371.39

Índices para catálogo sistemático:
1. Contadores de histórias : Pedagogia : Educação 371.39

Editora WMF Martins Fontes Ltda.
Rua Prof. Laerte Ramos de Carvalho, 133 01325-030 São Paulo SP Brasil
Tel. (11) 3293.8150 Fax (11) 3101.1042
e-mail: info@wmfmartinsfontes.com.br http://www.wmfmartinsfontes.com.br

Dedicamos este livro a Omar Ali Shah e a Amina Shah
com amor, gratidão e um sorriso.

Índice

Agradecimentos

Na realização de qualquer empreitada há muitas portas a serem abertas, e sozinhos não temos como abrir todas elas. Da criação do Convivendo com Arte em 1994, fonte da experiência adquirida na arte de contar histórias, à escrita deste livro, tive a sorte de ter ao meu lado pessoas muito especiais que me ajudaram na tarefa de "abrir portas". A elas, minha imensa gratidão.

A Cecília Caram, meu agradecimento especial. Sem ela, tudo o que hoje se traduz em realização seria apenas um projeto no papel. Foi ela quem primeiro acreditou na idéia de que seria possível reencantar o mundo contando histórias. Não poderia haver parceria mais feliz que essa.

Joaquim Gomes generosamente nos abriu sua sala, espaço onde Cecília e eu começamos o Convivendo com Arte.

André Caram e Guilherme Sá, nossos filhos, nos ajudaram a contar as primeiras histórias no Convivendo com Arte e nunca deixaram de nos incentivar.

Adilson Rodrigues nos estimulou a transformar experiência em livro; com ele, rascunhamos as primeiras idéias.

Obrigada a todos os amigos que vieram encher os auditórios em nossas primeiras contações públicas. Muitos deles trabalhavam nos bastidores para que a realização do evento fosse possível. Em especial, Thaís e Vânia Sá, Magali, Gustavo e Marina Machado, que, da preparação dos lanchinhos à venda de ingressos e divulgação das noites de contos, sempre estiveram presentes.

Júlia Neves, com sua criatividade, deu vida a nossos palcos.

Beatriz Coutinho tem sido uma incansável divulgadora do nosso trabalho.

Andréa Chiavacci e Francisco Caram ajudaram na busca de recursos para viabilizar nossos projetos.

Márcio Ferreira, *in memoriam*, como produtor cultural, nos orientou para o mundo dos palcos e graciosamente produziu a gravação das nossas Noites de Contos de 1994 a 1998.

Érika de Pádua fez a versão de algumas partes deste livro para o inglês.

Cristina Borges e Maria José abriram um grande espaço em suas agendas para cuidar, com competência, da revisão deste texto.

Guilherme Sá, com uma paciência infinita, sempre esteve pronto a socorrer-me em inúmeros litígios com o computador.

Francislaine ajudou na digitação.

Nossos alunos dos ateliês de contos no Brasil e na Europa foram os primeiros a abrir os ouvidos para o que Inno e eu tínhamos a dizer e fizeram as perguntas que nos estimularam a pesquisar e a aprender mais. Sem eles não teríamos assunto para escrever este livro.

Gislayne Avelar Matos

Apresentação

Por que este livro?

Inno Sorsy

Quando Gislayne me convidou para colaborar com a escrita de um livro sobre a arte de contar histórias, aceitei com gratidão.

Durante os anos em que venho me dedicando a contar histórias e a coordenar oficinas de treinamento nessa arte, tenho recebido pedidos para registrar por escrito as histórias e as técnicas que utilizo.

O convite de Gislayne vem ao encontro de nossas necessidades em comum nesse sentido e serve de motivação para realizarmos uma tarefa que, individualmente, nos parece mais difícil de concluir.

Trabalhamos juntas muitas vezes e temos familiaridade com nossos modos de ser. Assim, a idéia de colaborarmos uma com a outra faz sentido.

Tentamos compilar as perguntas que nos são feitas constantemente por nossos alunos. Aproveitamos essa oportunidade para organizar nossas próprias experiências e pensar nossa prática para, só então, propor respostas a essas perguntas.

Decidimos escrever um livro que também oferecesse técnicas e métodos diferentes de contar que têm nos servido e que serão úteis a nossos alunos.

Por último, este livro não pretende ser prescritivo, pois não consideramos que a única maneira de contar histórias seja a nossa. Há trinta anos assistimos ao renascimento da arte de contar, e ainda há muitas polêmicas sobre o que é contar, quem é um bom contador e quem não é. É interessante ressaltar que muitos daqueles que levantam essas polêmicas têm se considerado os grandes especialistas no assunto, pelo menos nos últimos quinze anos.

Felizmente, nasci e passei boa parte da minha infância numa sociedade tradicional, no Togo e em Gana (África do Oeste), e tive o privilégio de ouvir histórias contadas por meus avós, tios, vizinhos e mãe, cada um com sua maneira muito peculiar e própria de fazê-lo.

Assim, sabendo que a arte de contar histórias tem sido praticada nos mais variados estilos, em todos os lugares onde há pessoas, tenho me mantido invulnerável a essas discussões. Estou convicta de que essas disputas são tão irrelevantes quanto um monte de poeira debaixo das patas de um elefante.

Dessa forma, se este livro agradar, serei grata; se provocar debate, ficarei feliz.

Os erros que houver são nossos, e, se algo nele for bom, teremos que agradecer ao "Autor" de todas as histórias.

Como este livro veio à luz

Gislayne Avelar Matos

Inno e eu nos conhecemos muitos anos antes de começarmos a trabalhar juntas. Apesar de geograficamente vivermos muito distantes – ela na Inglaterra, eu no Brasil –, nossos caminhos têm muito em comum porque nossos corações olham e buscam a mesma direção. Isso fez com que nos encontrássemos também no nível profissional.

Durante um bom tempo, trocamos *e-mails* sobre temas que poderiam ser interessantes, sobre a seleção de contos para ilustrar os capítulos e o formato deste livro. Não poderia deixar de registrar aqui, no entanto, que, na qualidade de contadoras de histórias oriundas de comunidades com raízes tão bem fincadas nos valores tradicionais, como é nosso caso – Inno dos rincões da África, eu do interior das Minas Gerais –, ter a mediação da tecnologia virtual para trocar idéias não era algo que nos deixava à vontade.

Precisávamos estar juntas para rir, fazer cara de desagrado ou de admiração diante de cada proposta, "viajar" numa palavra "perfeita" para o que queríamos dizer; enfim, para absorver ao vivo nosso próprio estado de ânimo, nossas sensações e surpresas, e transformar tudo isso naquilo que poderíamos, depois, chamar de um livro. Enquanto esse momento não chegava, contentamo-nos em gestar tranqüilamente nossas idéias, cada uma em seu canto, até que chegasse a hora de trazermos a público nossa obra.

Diz o ditado que um milagre se dá quando acontece a conjunção de três fatores: *as pessoas certas, no lugar certo e na hora certa.* Pois foi por um desses milagres que este livro veio à luz.

Numa de suas viagens relâmpago ao Brasil, Inno veio a Belo Horizonte e aproveitamos um feriado prolongado para esticar o tempo. Durante cinco dias, trabalhamos sem pensar no relógio.

Chovia ininterruptamente em Belo Horizonte, o que nos foi mais que favorável, já que, nessas condições, nossos amigos nada de melhor teriam a fazer senão ajudar-nos no "nascimento da criança".

De maneira espontânea, logo a equipe de apoio se formou: Cecília e Érika traduziam para o português o que Inno escrevia em inglês, e para o inglês o que eu escrevia em português. Assim Inno e eu teríamos a cópia de tudo escrito, cada uma em seu idioma. Márcio e Guilherme faziam traduções de contos em francês de que necessitávamos naquele momento e digitavam o que terminávamos de escrever. Vânia colaborava nos deslizes da gramática. Thaís e dona Reparata nos preparavam comidinhas deliciosas para que não perdêssemos a "inspiração criadora".

Diante de toda essa movimentação, dona Reparata, que há 78 anos assiste ao mundo acontecendo, teceu um comentário que não poderíamos deixar de compartilhar com nossos leitores, mesmo porque nos parece uma metáfora bem apropriada à situação: "Isso – disse ela – me lembra casa de comadre em dia de parir. Todos iam chegando e cada um ajudava como podia, até que se ouvia o choro da criança e era uma alegria só."

Pois foi assim, nesse clima de solidariedade, harmonia e bom humor, que "parimos" este livro que agora entregamos a você. Que ele possa ser útil para quem dele necessitar.

O QUE SE PODE ENCONTRAR NESTE LIVRO E A QUEM SE DESTINA

Dividimos este livro em três partes. Na primeira, escrita pelas duas autoras, escolhemos o formato de pergunta e resposta para compartilharmos nossas experiências: aquilo que, de tanto ouvirmos, nos intrigou e nos fez buscar mais a respeito; aquilo que, de tanto repetirmos, errando, acertando e descobrindo, podemos finalmente e com serenidade afirmar que funciona bem. Sempre que possível, ilustramos com um conto os temas abordados. Em alguns momentos, nos apoiamos na fala de outros contadores ou em alguns teóricos para enriquecer ou elucidar a resposta dada a uma pergunta.

A segunda parte aborda mais detalhadamente o conto popular (características e classificação), o aquecimento (preparação do ouvinte), a introdução, a narração do conto propriamente dita (também em co-autoria com Inno Sorsy) e sua finalização. Aproveitamos para relacionar uma série de fórmulas utilizadas por contadores de culturas diversas, e sugerimos exercícios que podem contribuir para o desenvolvimento das habilidades necessárias à arte do contador de histórias.

Na terceira parte, são transcritos alguns contos que poderão enriquecer o repertório do contador.

Por último, a resposta à pergunta: a quem este livro se destina? Aos professores, aos pais, aos avós, aos tios, aos terapeutas, aos médicos, aos profissionais de empresas, aos assistentes sociais... enfim, independentemente de profissão ou idade, ele se destina a todos aqueles que, como nós, acreditam que os contos, os contadores e o ofício de contar histórias podem contribuir em muito para reencantar o mundo. Que acreditam que as histórias ou contos (não faremos distinção entre esses dois termos, podemos usar um ou outro com o mesmo sentido) são uma boa idéia que hibernou por um longo tempo, mas que finalmente voltou a florescer entre os homens, porque "em tempos de grandes transformações" – diz Bruno de La Salle – "sempre houve pessoas como Homero e Esopo para salvar um patrimônio oral em risco de desaparecimento".

O Rei do Tempo

Era uma vez um viajante que caminhava pelo grande deserto de neve. Tudo era imenso, triste e solitário.

O viajante parou para descansar um pouco à beira do caminho e pensava, exausto: "Devo chegar antes do anoitecer à primeira aldeia deste deserto gelado."

Como se sentia fatigado, fechou os olhos por alguns minutos, mas logo foi despertado por uma voz estranha, um pouco distante, mas infinitamente penetrante:

– Você está muito cansado – dizia a voz. – Venha comigo e repouse um pouco. Todo viajante repousa em meu palácio.

A voz era de um velho mais que centenário, mais que milenar. Ele não tinha nem idade nem cor. Ele era mais cinza que o céu de inverno e mais branco que a neve.

O viajante olhou-o atentamente e observou que o velho tinha na testa um magnífico diadema real e, apesar da idade, possuía a força e a leveza da juventude.

– Entre em minha casa. Meu palácio é mais rico e belo que o mais precioso de todos os palácios do mundo. Veja!

O viajante, impressionado, viu aparecer diante dele um palácio que parecia construído de cristal. Através de seus muros transparentes e brilhantes, podiam-se perceber tesouros inesquecíveis, flores de uma beleza indescritível, pedras preciosas que reluziam em todas as paredes. O palácio cintilava! E o viajante, impressionado, perguntou:

– Que riquezas são estas? Poder-se-ia comprar o mundo com o que possuis, ó Rei!

O velho sorriu e disse:

– É verdade, viajante. Aqui há tesouros de tal valor, que poderiam comprar o mundo. Estas flores e estas pedras preciosas que você vê são a única riqueza verdadeira do mundo: são as idéias do mundo. Quando uma idéia já viveu seu tempo, eu a recolho em meu reino. Aqui, ela dorme o sono do gelo, para recuperar o brilho e a beleza que perdeu entre as pessoas. E ela dorme até o momento em que seu destino esteja pronto para se cumprir novamente, até o momento em que uma alma humana deite seu olhar sobre ela com um pouco de amor. Então, com o calor da respiração dessa alma humana, o gelo se derrete e a idéia revive, jovem, cheia de força. E todos no mundo gritam em torno dela: "Eis uma idéia nova!" Mas estão enganados: a idéia não é nova, ela já existia, mas, como seus ancestrais a rejeitaram com desprezo, ela dormiu no palácio de gelo.

No entanto, infeliz é o homem que desperta uma idéia forte, pois, na verdade, será possuído por ela; não será o seu senhor.

– Onde está teu palácio, Rei? Em que país Vossa Majestade habita? Onde é esse reino?

Mas o rei sorriu e não respondeu nada.

Tudo ficou cinza diante do viajante, e seus olhos começaram a se esfumar. Ele perguntou novamente:

– Quem és tu, ó Rei?

E, de longe, ele escutou a resposta apenas compreensível:

– Eu sou o tempo.

Primeira parte

1. Qual é o conto do contador de histórias: o literário ou o popular?

"E se não morreram, vivem felizes até hoje", diz o conto de fadas. O conto de fadas, que ainda hoje é o primeiro conselheiro das crianças, porque foi outrora o primeiro da humanidade, permanece vivo, em segredo, na narrativa. O primeiro narrador verdadeiro é e continua sendo o dos contos de fadas.

Walter Benjamin

Além dos contos de fadas, também conhecidos como maravilhosos ou de encantamento, os mitos, as fábulas, as histórias de animais, os contos acumulativos, os contos da mentira, os contos etiológicos, os contos do Demônio logrado, os contos da natureza denunciante, as anedotas, as lendas, enfim... digamos que são os contos populares ou contos tradicionais ou, ainda, contos de tradição oral os indicados para o contador de histórias.

Existem aqueles que, comparando contos populares com contos literários e hierarquizando-os nessa comparação, consideram superiores os contos literários. Esse é um grande equívoco que vem do início do século XIX, quando a noção de tradição oral apareceu em meio à atmosfera intelectual do romantismo europeu, momento em que à arte popular (incluindo o conto popular) opôs-se a arte refinada (incluindo o conto literário)[1].

No entanto, esse debate superior *versus* inferior não nos interessa. Preferimos nos apoiar no fato de que esses dois tipos de contos apresentam características e funções diferentes mas igualmente importantes, e ambos podem contribuir para o processo de ampliação da consciência humana.

Começando pelo contexto dessas narrativas, podemos dizer que os contos populares são próprios da cultura oral, enquanto os literários são próprios da cultura escrita. Esses dois modelos de cultura designam duas formas distintas de comunicação lingüística; sendo assim, os tipos de contos que produzem também terão características distintas. Enraizado na oralidade, o conto popular tem na sua base de comunicação a percepção auditiva da mensagem, enquanto o literário, enraizando-se na escrita, tem na sua base de comunicação a percepção visual da mensagem[2]. Além disso, o conto literário é produção de um autor que nele irá imprimir seu estilo pessoal e sua própria visão de mundo. Os contos tradicionais, cuja origem parece encontrar-se nos mitos primitivos, que por muitos séculos orientaram os homens em sua busca de conhecimento do cosmo e de si mesmos, não são obra de um só autor. Resultam da produção coletiva de um povo que os cria a partir das representações de seu imaginário coletivo e, ao mesmo tempo, encontra neles o alimento para nutrir esse mesmo imaginário.

[1] CALVET, 1981, p. 5.
[2] *Ibidem*, p. 6.

Esteticamente, também não é conveniente compararmos esses dois tipos de conto, pois os valores artísticos das culturas em que se encontram tampouco são comparáveis.

Conta de novo... Conta aquela... Conta outra vez...

Nas culturas orais, o conhecimento adquirido por várias gerações ao longo dos tempos é armazenado na memória. Nessas culturas, os anciãos têm um lugar privilegiado porque representam a memória viva de seus antepassados. Referindo-se a eles, os povos africanos, que guardaram muito dos valores e das tradições da cultura oral, costumam dizer: "Na África, cada velho que morre é uma biblioteca que se queima." Isso porque, nesse modelo de cultura, em que as mudanças de uma geração a outra são mínimas, são eles que melhor poderão transmitir às novas gerações a riqueza cultural de seu povo.

Esse é o motivo pelo qual o homem da cultura oral é tão conservador e vê como temerária qualquer inovação. Ela poderia provocar a perda da memória ancestral do grupo e, com isso, gerar uma enorme confusão, levando a outra perda: a da identidade do grupo.

Nós, homens modernos da cultura escrita, ansiamos sempre mais por novidades, mas para o homem da cultura oral o prazer não está na novidade. A centésima repetição de um conto ou de um relato qualquer pode emocionar e surpreender o ouvinte como se ele o estivesse ouvindo pela primeira vez. Também as fórmulas de abertura e fechamento dos contos são, basicamente, as mesmas. Para os ouvintes, conhecê-las de antemão não diminui o prazer em brincar de adivinhá-las ou repeti-las com a mesma entonação dada pelo contador. A cadência ritmada e a repetição idêntica dos relatos na narrativa oral, passados de geração a geração, ajudam na memorização do conhecimento a ser transmitido. Nessa prática, havia um segredo: ela criava laços indeléveis de pertença ao grupo. Promovia um sentimento de cumplicidade entre as pessoas que compartilhavam as mesmas referências, e isso assegurava a coesão e a unidade do grupo.

É evidente que, com todas as suas particularidades, esse modelo de cultura terá, também, sua maneira própria de conceber a beleza. A palavra contada não é simplesmente fala. Ela é carregada dos significados que lhe atribuem, o gestual, o ritmo, a entonação, a expressão facial e até o silêncio que, entremeando-se ao discurso, integra-se a ela. O valor estético da narrativa oral está, portanto, na conjugação harmoniosa de todos esses elementos.

Quanto ao conto literário, enraizado na cultura escrita, ele se estrutura de outra forma. Seu valor estético encontra-se, portanto, em outros aspectos. Diferentemente do conto popular, no qual a função dos personagens é socialmente determinada (o rei, o príncipe, o velho sábio, o tolo...) e as imagens exploradas são sempre arquetípicas[3], no conto lite-

[3] Segundo Rocheterie (1986: 13): "Os arquétipos são uma espécie de reservatório das experiências humanas acumuladas desde os primórdios do tempo. Eles estão na base de todas as civilizações, das mitologias, das religiões, dos contos, das obras de arte, das superstições, dos gestos rituais, dos sonhos, das visões, das alucinações, dos costumes, da linguagem... A serpente, o dragão, o velho sábio, o rei... são exemplos de imagens arquetípicas. A descida aos infernos, o abandono na floresta, as provas no caminho do herói são exemplos de motivos arquetípicos."
Definição de arquétipo do *Dicionário básico de filosofia* (gr. *Archétypon*: modelo, tipo original). 1. Em Platão, as idéias como protótipos ou modelos ideais das coisas; em Kant, o entendimento divino como modelo eterno das criaturas e como causa da realidade de todas as representações humanas do divino. 2. A teoria psicanalítica de Jung, valorizando a teoria estóica da alma universal, considerada como lugar de origem das almas individuais, define os arquétipos como imagens ancestrais e simbólicas, desempenhando uma dupla função: a) exprimem-se através dos mitos e lendas que pertencem ao fundo comum da humani-

rário os personagens são descritos em relação a sua própria individualidade, e a dimensão psicológica de cada um deles pode ser explorada à exaustão.

A experimentação intelectual é responsável pela marca ou estilo de cada autor. As inovações, mais que bem aceitas, são esperadas. Isso se torna possível porque na cultura escrita o conhecimento deixa de ser armazenado na memória, passando a sê-lo através do registro escrito, o que possibilita a livre criação de novas formas narrativas. Assim, os anciãos irão ceder seu lugar central na sociedade aos jovens, sempre prontos a ousar e a se aventurar em novas idéias.

Na cultura escrita, os requisitos para julgar a beleza de uma narrativa estão na habilidade do autor em manejar as palavras com mestria para dispô-las na expressão literária.

A preleção sobre esses dois modelos de cultura nos parece importante para que o contador saiba o que se espera dele na narrativa oral. Ter essa consciência poderá eliminar de antemão muitas dificuldades e equívocos em relação à arte de contar histórias. Um exemplo é a atitude de alguns aspirantes a contadores. Quando diante das belas construções literárias que encontram no texto sobre o qual irão trabalhar, decidem reproduzi-las *ipsis verbis* na narrativa oral. Isso não faz sentido. Recontado por um autor, na linguagem escrita, é natural que um conto de tradição popular ganhe adornos literários próprios a essa forma de comunicação e coerentes com seus valores artísticos. Mas de forma alguma essas preciosidades literárias terão o mesmo impacto na narrativa oral.

Em linhas gerais, quando falamos em cultura oral e cultura escrita, nossa intenção é marcar as diferenças básicas entre ambas e mostrar que, fazendo parte de contextos tão

dade; b) constituem, em cada indivíduo, ao lado de seu inconsciente pessoal, o inconsciente coletivo que se manifesta nos sonhos, nos delírios e em algumas manifestações artísticas.

específicos, os contos populares – próprios da comunicação oral – e os literários – próprios da comunicação escrita – não podem ser esteticamente avaliados segundo os mesmos critérios.

No Brasil, muitos alunos têm nos colocado, reiteradas vezes, essa questão. Foi atendendo a uma necessidade deles que decidimos abordá-la, mas desde já fique claro que, embora tenhamos feito referência ao conto literário e, dependendo da pergunta a que estivermos tentando responder, voltaremos a fazê-lo, nosso interesse é o conto popular. Na segunda parte deste livro aprofundaremos um pouco mais a discussão sobre ele.

2. Qual é a diferença entre contar um conto e ler um conto?

Contar pressupõe uma relação direta.
René Diatkine

Perguntas sobre qual é a melhor maneira de transmitir um conto popular têm-nos sido feitas sistematicamente. Embora elaboradas de formas diferentes, a resposta a todas elas poderia ser a mesma. Vejamos algumas das perguntas mais comuns. O que é melhor: contar a história, ler a história ou sugerir que o outro leia? Existe diferença entre uma história contada e uma história lida?

Sim, existe diferença entre contar e ler uma história, porque também existe uma diferença entre palavra oral e palavra escrita. Quando a comunicação se dá através da palavra oral, nosso centro de percepção é o auditivo. Uma característica da percepção auditiva é que ela nos proporciona a experiência da unidade. O som nos invade por todos os lados e passa através de nós. Todo o nosso corpo é uma unidade auditiva, porque estamos no centro do campo sonoro.

Experimente! Ouça uma música e tente perceber como ela envolve seu corpo por inteiro, observe como você e o ambiente se integram numa unidade, porque o som preenche também o ambiente a sua volta. Essa característica é responsável ainda pelo sentimento de "estar junto" de um auditório.

> A enunciação oral é dirigida por um indivíduo real, vivo, a outro indivíduo real, vivo, ou indivíduos reais, vivos, em um tempo específico e em um cenário real que inclui sempre muito mais do que meras palavras. As palavras faladas constituem sempre modificações de uma situação que é mais do que verbal. Elas nunca ocorrem sozinhas em um contexto simplesmente de palavras.[4]

As expressões do corpo, os gestos, o ritmo e a entonação de voz imprimem sentido às palavras e desvelam para o ouvinte as emoções por trás do texto.

No caso da leitura (palavra escrita), o centro da percepção passa a ser o visual. Se o som incorpora e unifica, a visão isola, separa, é o sentido da dissecação[5]. Quando mergulhamos numa leitura, separamo-nos do mundo. Nossa "viagem" é solitária. Se a oralidade associa-se à idéia do grupo, do coletivo, a leitura associa-se à idéia do indivíduo em sua introspecção e reflexão analítica.

Portanto, como podemos ver, cada uma dessas linguagens tem suas próprias características, suas regras e seus códigos e exerce diferentes funções em nossa forma de compreender e nos relacionar com o mundo. Naturalmente, isso faz com que a textualidade oral e a escrita sejam diferentes.

Na narrativa oral, o que se quer é uma interação imediata com o ouvinte. A linguagem é espontânea, cria-se o texto

[4] ONG, 1998, p. 118.
[5] Ver ONG, 1998, pp. 85-6.

junto com o auditório, ou seja, as reações do ouvinte são fundamentais para o desenvolvimento da narrativa. No caso do contador de histórias, esse é um aspecto importante para ter em conta.

O conto é a arte da relação entre o contador e seu auditório. É através dessa relação que o conto vai adquirindo seus matizes, suas nuances. Contador e ouvintes recriam o mesmo conto infinitas vezes.

Através de suas expressões de espanto, de prazer, de admiração, de indignação, os ouvintes estimulam o contador, dá-se então uma troca de energia. Isso faz com que um conto, embora possa ser contado mil vezes, nunca seja o mesmo, pois os ouvintes e os momentos são diferentes.

Vimos que o ato de ouvir e o de ler exercem sobre nós funções diferentes e também acionam em nós faculdades diferentes. É fácil concluir que ambas (ouvir e ler) são experiências importantes. No caso do professor, o importante é saber que objetivos ele tem quando quer apresentar um conto a seus alunos. Há momentos em que é necessário criar situações de grupo para favorecer o sentimento de "estar junto", de pertencer a uma comunidade (a da sala de aula, por exemplo) que compartilha as mesmas referências, "viaja" pelos mesmos mares do imaginário. Nesse caso, a narrativa oral cumpre perfeitamente o objetivo.

Há outros momentos em que se quer incentivar a "viagem" solitária, para estimular a capacidade de introspecção e de reflexão analítica. Nesse caso, a leitura é a atividade indicada.

Resta agora a questão da diferença entre contar a história e ler a história para as crianças. Aqui talvez seja oportuno fazermos uma distinção entre contador de histórias e leitor de histórias. A arte do contador envolve expressão corporal, improvisação, interpretação, interação com seus ouvintes. O contador, como vimos, recria o conto juntamente com seu auditório, à medida que conta. O leitor, por sua vez, empresta sua voz ao texto. Pode utilizar recursos vocais para que a leitura se torne mais envolvente para o ouvinte, mas não recria o texto, não improvisa a partir dos estímulos do auditório. O mesmo se dá com o ator que interpreta um texto literário. Ele não pode recriar o texto, não pode interferir no estilo literário do autor.

Essa questão gera certa polêmica em torno do que é contar histórias, mas talvez seja mais apropriado abordar a questão de outra forma: Que contos são "contáveis"? Se, como René Diatkine, considerarmos que contar pressupõe uma relação direta com o auditório, então podemos concluir que o conto de tradição oral é o que realmente se encaixa nessa arte, porque é ele que nos permite a liberdade de criar e recriar junto com a platéia. Embora o conto de tradição oral possa ser sempre o mesmo, ele é sempre outro, porque contador e auditório nunca são os mesmos.

3. Como memorizar um conto?

Para um contador de histórias, memorização não é sinônimo de "decoreba", que significa aprender de cor, sem assimilar.

O grande segredo dos bons contadores está na perfeita assimilação daquilo que pretendem contar. Assimilação no sentido de apropriação. Apropriar-se de uma história é processá-la no interior de si mesmo. É deixar-se impregnar de tal forma por ela que todos os sentidos possam ser aguçados e que todo o corpo possa naturalmente comunicá-la pelos gestos, expressões faciais e corporais, entonação de voz, ritmo etc.

Isso é possível através do processo de identificação com as situações apresentadas pela história e com seus personagens, sejam eles humanos ou não – nas fábulas, por exemplo, os animais se comportam como seres humanos para ensinar algo.

Para se exercitar nesse processo, o contador pode se fazer algumas perguntas em relação à história que pretende contar. Isso o ajudará a compreender sua escolha por uma determinada história. É evidente que existem muitas razões para escolhermos o que queremos contar, e o fato de refletirmos sobre isso só contribui para aumentar o prazer que podemos desfrutar ao narrar uma história bem escolhida. A seguir apresentamos algumas das perguntas possíveis:

- Em que a trajetória desse personagem se parece com a minha?
- Com suas fraquezas e sua força, esse herói se parece comigo?
- Já vivi uma situação semelhante a essa que vivem os personagens desse conto?
- A trama apresentada nessa história chama minha atenção de maneira especial?
- Essa história me intriga e me atiça a curiosidade?
- Essa história me propõe reflexões interessantes?
- Essa história me dá prazer por seu aspecto cômico?

Recorrendo à própria memória e analisando-se um pouco, o contador poderá perceber o quanto existe de semelhança entre as experiências que ele vem adquirindo ao longo de sua vida e a trajetória dos personagens de um conto. Através desse processo de identificação e de empatia com os personagens, o conto a ser narrado deixa de ser apenas interessante, engraçado, ou o que quer que seja, para transformar-se também num meio de compartilhar com sabedoria, charme, humor e sutileza as próprias experiências de vida.

A história em questão passa a ser de alguma forma a "sua própria história, contada à maneira do conto popular". E quem melhor que o "dono do peixe" para vendê-lo a bom preço?

Além de compartilhar experiências, o contador também compartilha sonhos. Porém, não se compartilha aquilo que não se possui. É necessário apropriar-se também dos sonhos de um herói, torná-los os seus próprios, para só então oferecê-los aos ouvintes.

O texto a seguir é o conto de Agapito, um pobre índio mexicano que comprou um sonho e com ele mudou sua aldeia.

O COMPRADOR DE SONHOS

Agapito era um índio mexicano, camponês sem terra, pastor de ovelhas sem ovelhas. Isso fazia dele um peão.

Um peão é pobre no começo e mais que pobre no final, quando a força para trabalhar o abandona.

As pessoas de sua aldeia eram camponesas de fato, pois tinham uma terra para elas. Mas de que serve uma terra onde nada cresce?... Na sierra *mexicana, a terra é vermelha e bonita como a pele dos homens e das mulheres índias, mas é árida.*

E como nada se pode esperar de uma terra árida, Agapito, para não morrer de fome, desceu a sierra *e buscou trabalho como peão numa plantação de cacau.*

Durante três anos ele cuidou das árvores e colheu seus frutos maduros. Com o tempo, sua pele já tinha o cheiro do cacau. Mas Agapito não gostava desse cheiro e nem do calor úmido da região. Ele tinha muita saudade de sua sierra.

Para ter coragem, pensava no dia em que seu trabalho terminaria na fazenda de cacau. Nesse dia, ele voltaria a sua aldeia, levando consigo uma mala enorme, cheia de presentes para todos os seus amigos. E imaginava a gritaria que seria: "É Agapito que está de volta! Agapito está de volta!"... E nesse dia toda a aldeia estaria feliz, e Agapito mais que todos. Ele tinha tanta vontade de ser feliz!

Ao final de três longos anos, Agapito recebeu seu salário. Ele não compreendia muito bem as contas que fazia o capataz da plantação, um homem acostumado aos grandes cálculos e que falava muito rápido:

– Três anos, a tantos por ano... Aluguel e comida a descontar... Um poncho comprado a crédito... a descontar... Por sua negligência, dez árvores produziram menos... a descontar... Perda de uma machadinha... a descontar... Eis, então, seu ganho: três centavos em moedas de cobre. O próximo!

Agapito afastou-se lentamente. Na sua mão, ele tinha três centavos... três moedinhas de cobre. Era tudo!

À noitinha, Agapito chegou à pequena cidade próxima da plantação. Era uma cidade alegre e iluminada. As pessoas pareciam felizes. As lojas estavam cheias de coisas maravilhosas, os mercadores ambulantes ofereciam objetos lindos, mas caros... E Agapito tinha apenas três moedas de cobre. E ainda precisava pensar nas despesas com a alimentação durante a longa caminhada até sua aldeia.

Mas, quando Agapito deparou com a vitrine de um vendedor de doces, ficou deslumbrado. Havia na vitrine flores de açúcar impressionantemente lindas. Um centavo de cobre cada uma... Decididamente, Agapito comprou uma charmosa rosa de açúcar vermelho. A pequena Panchita, a deslumbrante filha da vizinha, teria este presente! Agapito comeria menos, e pronto!

Pouco a pouco as luzes da cidade foram se apagando, as janelas foram se fechando... E Agapito estava fatigado. Ele tinha fome, muita fome, mas preferiu deixar para comer no dia seguinte antes de se colocar a caminho de casa.

Um barulho de água levou-o até uma fonte pública, e ele bebeu avidamente para distrair o estômago. Já ia se afastando da fonte, quando viu um homem que segurava uma tigela vazia. Como o homem não tinha forças para ir até a fonte, Agapito aproximou-se timidamente, pegou a tigela e perguntou:

– Quereis água?

O homem levantou levemente as pálpebras. Ele parecia muito doente...

Quando Agapito entregou-lhe a tigela cheia de água, o homem não teve forças para segurá-la. Agapito deu-lhe então de beber, como se fosse uma criança.

Embora parecesse muito doente, o homem não tinha febre. Agapito compreendeu: quando um homem que não é velho nem tem febre está muito fraco para segurar uma tigela, sabe-se bem do que é que ele sofre...

Agapito correu até o vendedor de tortilhas, que lhe informou:

– Um centavo por uma farta porção!

Agapito, sem hesitar, comprou uma porção e a levou para o homem, que, ao ver as tortilhas, sorriu e começou a comê-las, uma a uma, suavemente, pois todos sabem que, quando se tem muita fome, é perigoso comer muito rápido. Quando terminou, olhou para Agapito e perguntou:

– Maia?

Agapito respondeu que sim, que ele era um índio maia das altas sierras.

– Eu sou pueblo – disse o homem, apontando para o norte. – Longe...

– Peão? – perguntou-lhe Agapito.

– Sim, mas acabou.

Agapito contou sua história ao homem pueblo. Contou-lhe também o quanto queria rever sua terra e seus amigos...

– Aqui – disse Agapito – eu não sou feliz... Na minha terra, não tenho o que comer... Como se deve fazer para ser feliz?

O pueblo, que escutava tudo em silêncio, olhou fixamente para Agapito, tirou do bolso uma coisa muito pequena e disse:

– Dê-me sua mão. Este é um presente para você... A felicidade, talvez... mas eu não sei.

E entregou a Agapito uma semente redonda da cor do ouro, fazendo-lhe, em seguida, um sinal para que o deixasse só.

Agapito caminhou pela cidade até que encontrou um cantinho perto da porta de um albergue, e por ali dormiu profundamente. De repente, acordou sobressaltado com um pesadelo horrível. Ele estava ainda na plantação e o capataz gritava:

– Agapito deve dez ponchos! Ele perdeu mil machadinhas! Ele deixou cem mil árvores morrer! Agapito tem de pagar suas dívidas! Ele deverá trabalhar na plantação trinta vezes três anos e, depois, mais dez vezes três anos, e ainda...

Já amanhecera e a porta do albergue estava aberta. De dentro vinha um cheiro delicioso e quente de tortilhas, enchilladas e chili com carne. Agapito tinha fome e entrou. Enquanto esperava para ser atendido pela bela servente, viu entrar um homem bem-disposto que dormira no albergue.

– Traga-me rápido a comida, Chica, e eu lhe contarei um belo sonho. Sonhei que uma deusa de longos cabelos negros era minha esposa. Nós morávamos bem no centro de uma floresta de ouro. Aquele que colhesse um galho de ouro na floresta estava livre da fome e de qualquer problema. E todas as pessoas vinham à nossa floresta. Elas colhiam braçadas de galhos de ouro e partiam felizes. E eu olhava toda aquela gente e me sentia ainda mais feliz. Não é um belo sonho?

– O mais bonito que já escutei em toda a minha vida, senhor.

Agapito ficou impressionado e pensou: "Este homem tem sorte: dormiu dentro do albergue e, sem dúvida, come sempre que tem fome. Ele não tem necessidade do seu sonho para estar feliz. Se eu gastar o último centavo que me resta com comida, amanhã ainda terei fome. Mas, se eu comprar esse sonho, serei feliz pensando nele amanhã, depois de amanhã, na próxima primavera..."

A servente chegou com uma tigela fervendo, deliciosa. Serviu-a ao homem de sorte e já ia entregar outra a Agapito, quando ele se levantou, aproximou-se do homem e disse:

– Eu não vou comer.

– O que você quer? – perguntou-lhe o homem.

– O seu sonho. Eu quero comprá-lo.

O homem começou a rir daquela idéia tão extravagante, mas Agapito estava sério.

– Você quer comprar meu sonho? Mas para que ele poderá lhe servir?

– Ele servirá para me fazer feliz. É um sonho bonito... Aqui está o dinheiro.

Ele colocou sua última moeda sobre a mesa; o homem não podia acreditar.

– Um centavo? É pouco, mas ainda assim é muito para pagar um sonho. Guarde seu dinheiro e, se o sonho lhe agrada, ele é seu. Eu lhe dou meu sonho.

Agapito sentiu-se ofendido.

– Eu não estou mendigando.

Pegou sua moeda e já estava saindo do albergue, decepcionado, quando o homem o chamou.

– Se você quer mesmo comprar meu sonho, dê-me seu centavo. Eu lhe vendo meu sonho.

Agapito, entusiasmado, entregou-lhe sua última moeda.

– O sonho agora é meu?

– Claro. É um negócio honesto, completamente regular. Você é testemunha, Chica!

Chica aprovou seriamente o negócio:

– Claro, senhor. O senhor vendeu um belo sonho, ele foi pago e eu sou testemunha.

Esquecendo sua fome, Agapito saiu do albergue. Ele queria ficar sozinho para pensar no seu belo sonho. Mas a servente veio correndo atrás dele.

– Você vai partir para a sierra? Eu queria que passasse por Achulco, a aldeia onde mora minha mãe.

– E o que você quer que eu diga a ela?

– Conte a ela seu sonho. Minha mãe é sozinha e triste. Ela ficará feliz com a bela história de seu sonho.

Agapito estava confuso.

– Eu não sei contar histórias. Talvez o sonho não fique tão bonito se eu o contar.

E Chica respondeu:

– Mas é o seu sonho! Quem poderia contá-lo melhor?

Ela, então, entregou-lhe uma sacola com tortilhas, pão, tomate e pimenta.

– Tome! Este é meu presente para sua viagem.

Agapito tinha um longo caminho a percorrer, pois Achulco era longe. Ele chegou ao vilarejo no dia seguinte, à tarde, e pediu informações a uma mulher que lavava roupas na porta de casa.

– A Chica que trabalha na vila? Aquela é a casa de sua mãe. Mas não lhe dê más notícias.

– Eu trago boas notícias – disse Agapito.

– Vá logo, então!

A mulher deixou seu serviço e começou a chamar todas as outras para que também escutassem as novidades. Rapidamente, a sala da casa estava cheia, e a mãe de Chica pediu silêncio:

– Este rapaz – disse ela – teve um sonho magnífico e minha filha o mandou aqui para que me contasse. Cada palavra de Agapito é a palavra da verdade. Chica é testemunha.

E Agapito começou a falar. Ele estava à vontade e as palavras chegavam-lhe facilmente. Chica tinha razão: esse sonho era dele, pois ele o contava tão bem!

– Uma floresta de ouro? E todo mundo poderia colher seus troncos? Eu também? – perguntou um velho, pensativo.

– Sim – disse Agapito. – Você e todos os outros.

– Então ninguém mais teria fome... É um belo sonho. Estamos felizes por ter escutado seu sonho.

A mãe de Chica estava orgulhosa de sua filha, que enviara aquele mensageiro a todos do vilarejo.

Agapito passou a noite ali e, quando partia, na manhã seguinte, um homem veio procurá-lo.

– Minha mulher e meus filhos moram num vilarejo a um dia de caminhada daqui. Se você passar por lá, poderia contar-lhes seu sonho?

Agapito consentiu e continuou seu caminho. O homem decidiu segui-lo, para ouvir mais uma vez o sonho.

A notícia corria de boca em boca, e Agapito precisou sair várias vezes de sua rota para contar seu sonho por encomenda de alguém. Mas o que fazer? Só um louco se recusaria a dar tanta alegria aos outros.

Um dia, finalmente, Agapito chegou ao seu próprio vilarejo. Logo na entrada, viu uma bela jovem com um vestido vermelho e seu coração palpitou forte. Era Panchita, a filha da vizinha. Como se tornara linda!

– É você, Agapito? Como demorou a voltar!

– Eu lhe trouxe um presente.

Todas as crianças corriam pelas ruas para anunciar a chegada de Agapito. E à noite, em torno da fogueira, Agapito contou seu sonho a todos. Panchita, a seu lado, segurava com orgulho a rosa de açúcar. Ela parecia uma rainha e, com os olhos brilhantes, disse:

– Você trouxe as sementes das quais nascerá a floresta?

– Eu tenho uma semente.

E todos viram aquela semente cor de ouro. Agapito contou como a ganhara e o que lhe dissera o pueblo.

Uma senhora idosa abaixou-se e examinou a semente.

– É um grão d'ixium, o milho. Mas essa felicidade não é para nós. Há muito tempo, um homem do vilarejo matou um ganso selvagem que era mensageiro da grande deusa do milho. Ela se irritou e proibiu o milho de brotar em nossas terras.

– E foi há muito tempo? – perguntou Panchita.

– Há muito tempo – confirmou a senhora.

– Talvez as coisas tenham mudado... Vamos plantá-lo! – sugeriu Agapito.

– Sim, vamos plantá-lo, Agapito! – disseram todos.

Agapito plantou o grão de milho imediatamente.

Numa manhã de outono, quando Agapito saiu de casa, viu gansos selvagens voando bem alto no céu. Era sinal de boa colheita. Agapito correu até os campos e lá havia uma bela floresta: o milho amadurecera e, de tão bonito, de tão maduro, parecia de ouro. E, no meio daquela floresta dourada, Panchita dançava com os cabelos soltos ao vento. E, de tão bela, parecia uma deusa!

4. QUAIS SÃO OS ELEMENTOS DE UM CONTO?

Existem diversas maneiras de descobrir as riquezas de um conto, porque são várias as leituras que se podem fazer dele. Igualmente variadas são as possibilidades de trabalhar com ele. E cada contador, usando de suas habilidades, deverá encontrar sua forma de fazê-lo. Em nosso caso, propomos uma leitura que busque apreender, através de sua linguagem simbólica, o sentido mais profundo do conto.

Nessa direção, buscar a ligação afetiva com os personagens e a identificação com as situações que eles vivem, estabelecendo um paralelo com as próprias experiências, é o ponto de partida. O objetivo é trabalhar as diferentes camadas do conto para garantir que, ao contá-lo, as preciosidades das ricas texturas possam emergir.

> Na verdade, todos os personagens do conto têm sua correspondência em nós mesmos. [...] Entrar no interior de um conto é como entrar no interior de si mesmo. Um conto é um espelho onde cada um pode descobrir sua própria imagem.[6]

Para tal, façamos uma analogia entre o corpo humano e o conto. Ambos têm em comum um esqueleto, músculos e tendões. Mas um conto escrito seria como a escultura de um corpo, enquanto, contado, ele seria como o corpo vivo.

Os movimentos, os gestos e as expressões do corpo, o ritmo e a entonação da voz e o contato visual que o contador estabelece com seus ouvintes fazem com que o conto adquira vida. Exatamente da mesma forma que, se pudéssemos realizar o processo de transformação de uma estátua em um ser vivo, necessitaríamos da respiração, da circulação do sangue, do batimento cardíaco, da atividade cerebral.

Vejamos cada um desses elementos.

O esqueleto. Para que haja equilíbrio no corpo humano, o esqueleto deve ser rígido, ainda que as possibilidades de flexão sejam evidentes nas articulações.

No conto, o esqueleto equivale à estrutura de base, essencial e portadora da mensagem e que também precisa ser rígida. Quando se altera o esqueleto, ou seja, a estrutura do

[6] HAMPÂTÉ BÂ, 1994, p. 252.

conto, a mensagem arquetípica se perde. Um exemplo é a história de Cinderela, cujo tema é muito arcaico e está ligado ao processo de iniciação. Nesse contexto, o conto trata da luta do "ser interior", representado por Cinderela, contra seus aspectos negativos, representados pelas meias-irmãs. Em versões muito antigas, Cinderela mata suas meias-irmãs.

Uma leitura à luz do arcabouço simbólico mostraria como o exercício da paciência e de outras qualidades positivas, durante um período de provas, suscita a intervenção de uma força superior – no caso da versão de Perrault, representada pela fada madrinha, e no caso da versão dos irmãos Grimm, pelas duas pombas encantadas. Uma vez liberto, o ser interior combate efetivamente os aspectos negativos, as meias-irmãs, que impediam sua integração com o princípio criador e transformador (o Buda interior, ou também o Cristo interior, na linguagem cristã; ou o *self*, na linguagem junguiana; ou, ainda, o ser essencial, na mística sufi), representado pelo casamento com o príncipe.

Uma história grandiosa sobre a aventura do homem na busca de sua essência é transformada numa história de amor anódina, na qual, sendo boazinha e doce, a heroína consegue casar-se com o príncipe (o bom partido). Aqui se faz necessária uma observação sobre as versões de Perrault e dos irmãos Grimm para essa mesma história.

No caso de Perrault, o conto foi recolhido entre as camadas "incultas" da população, no final do século XVII, na França. O fato de ele ter suprimido episódios inteiros da história, modificando assim a intriga tradicional (quebrando o "esqueleto"), deve-se ao cuidado em não chocar o senso de decência da época. Para o homem "culto" do século XVII, todos os temas relacionados aos processos iniciáticos tornaram-se incompreensíveis. O entendimento dos símbolos e arquétipos fora substituído pela razão lógica.

No caso dos irmãos Grimm, o mesmo conto foi recolhido no século XIX, na Alemanha, momento em que a preocupação com os princípios da ciência contaminou também a coleta de contos populares. Assim, os irmãos Grimm foram muito mais fiéis na transcrição em 1812. Mas em 1819 eles próprios fizeram uma adaptação desse conto para as crianças, modificando-o também, mas bem menos que Perrault, que viveu numa sociedade que tinha outros valores.

A partir de meados do século XX, duas correntes de pensamento pautam o reconto das histórias tradicionais. Uma delas, preocupada em respeitar a estrutura de base, busca compreender os motivos da intriga original e tem ressaltado a importância de não se modificar a trama (quebrar o "esqueleto"), o que alteraria a função e as características dos personagens, uma vez que são arquetípicos. A outra, mais pragmática e descompromissada com tais princípios, apropria-se desses contos dando-lhes interpretações "modernas" ou "politicamente corretas" que julgam mais "coerentes" com nosso tempo.

Os músculos. São as imagens que o contador utiliza para desenvolver a trama. Como os músculos no corpo humano, as imagens no conto recobrem o esqueleto, que é a trama.

O sangue e a respiração. São as intenções que conduzem a contação da história. Da mesma forma que, no corpo humano, o sangue leva oxigênio e nutrientes vitais a todo o organismo, no conto é através do tom de voz, da linguagem corporal, dos gestos, das pausas, do ritmo... que o contador faz com que o "sangue" circule e a "respiração" se faça presente na trama.

O coração. É a intenção contida no conto, seu aspecto essencial que motiva as ações dos personagens. O objetivo de um conto oral é a transmissão coração a coração. Criar vínculo, estabelecer uma empatia com quem recebe o conto, espelhando as emoções que os personagens vivem, é o trabalho do contador para fazer bater o "coração" da história.

Para exemplificar o que dissemos acima, selecionamos o conto "Por que os contadores de histórias têm boa memória e apreciam os bons vinhos", recolhido na tradição oral africana, já influenciada pela tradição mulçumana. A leitura rápida desse conto nos daria a impressão de tratar-se de uma trama ingênua e sem muito sentido. Mas vejamos o que uma investigação mais cuidadosa do universo simbólico da cultura africana poderá nos revelar: primeiramente, sabemos que se trata de um conto iniciático. Segundo Amadou Hampâté Bâ, em entrevista concedida à Unesco, em 1962, sobre as tradições orais:

> [...] Para os contos iniciáticos, nos quais o simbolismo é muito rico, no início há sempre a proposta de um caminho a percorrer. O indivíduo percorre seu caminho até o fim e, se for merecedor dos segredos, é no seu retorno que as explicações lhe serão dadas. Há um tempo para aprender, um tempo para receber a explicação e um tempo para ensinar, por sua vez.[7]

O *marabu* é outro elemento importante nos contos de determinadas regiões africanas. Ele pode significar tanto um pássaro natural do lugar – espécie de cegonha – quanto um devoto mulçumano cujas qualidades especiais o transformam em um guia espiritual. Dependendo do contexto, saberemos reconhecer quando se trata de um ou de outro. Quando se trata do pássaro, ele é sempre mágico, tem as características do guia espiritual seu homônimo e representa o sábio interior. Não menos importante é a alusão feita ao vinho no final da história. De acordo com Omar Ali Shah e Robert Graves, em sua introdução ao *Rubaiyyat* de Omar Khayaam[8], desde tempos muito remotos o vinho foi usado

[7] Entrevista (s.n.t.).

[8] *Rubaiyyat* ou *rubâ'i* é um grupo de dois versos ou quadra. É uma forma poética muito usada pelos mestres sufis para estimular a reflexão e a emoção místicas. Nessa forma poética, o primeiro, o segundo e o quarto hemistíquios devem rimar. Um hemistíquio corresponde à metade de um verso. Omar Khayaam nasceu em Nishapur no ano

com fins religiosos pelos hebreus, especialmente nas Festas dos Tabernáculos. Devido à metáfora do amor divino, associada ao vinho, também eram obrigatórios quatro copos de vinho no Festival do Cereal de Páscoa, que comemorava tanto a dádiva de pão que o homem recebeu de Deus quanto a libertação do povo de Israel escravizado no Egito. Daí a aparição do vinho na narrativa do evangelho da última ceia segundo São Paulo. Muitas dessas doutrinas foram aceitas por Maomé. No caso do sufismo, escola de desenvolvimento espiritual originada no seio do islã, diz Idries Shah, "o vinho se refere à condição alcançada por um místico quando sua experiência do êxtase divino – embriaguez figurativa – revela uma dimensão oculta mais além de seu hábito normal de pensamento"[9].

As regiões da África que se converteram ao islã integraram a seus contos elementos oriundos dessa religião. Tanto a referência ao vinho quanto a função do pássaro marabu nesse conto podem ter aí sua origem.

A seguir apresentamos o conto, que depois é dividido em oito partes. Em cada parte buscaremos identificar, como já mencionamos anteriormente, os elementos que podem ser trabalhados em um conto: o "esqueleto", ou seja, sua estrutura de base, os "músculos" que vêm cobrir o esqueleto, o "sangue" e a "respiração", que dão vida ao conto, e, por fim o "coração", sua mensagem essencial e seu *leitmotiv.*

de 1015. É um poeta muito conhecido e respeitado entre os leitores com uma base de cultura sufi, à qual pertencia. Do ponto de vista sufi, a poesia de Khayaam tem múltiplas funções e sua compreensão representa parte da especialização sufi. Os sufis, segundo Robert Graves, são uma antiga maçonaria espiritual cujas origens nunca foram traçadas nem datadas.

[9] SHAH, citado por ALI SHAH, Omar e GRAVES, Robert, 1982, p. 21.

POR QUE OS CONTADORES DE HISTÓRIAS TÊM BOA MEMÓRIA E APRECIAM OS BONS VINHOS

Os pássaros não podem escrever, eles têm penas demais.

Ora, conta-se na África ocidental que no início dos tempos não havia histórias e também não havia sabedoria. O mundo era muito triste. Por isso, o primeiro contador de histórias foi também um buscador de histórias que saiu pelo mundo afora acompanhado de um pássaro-escrivão: o marabu.

O marabu é o único pássaro que sabe qual das penas de seu traseiro deve ser arrancada para que, com ela, se possa escrever, o que faz dele um pássaro especial. É por isso que foi o escolhido para sair pelo mundo, pousado no ombro do primeiro buscador e contador de histórias.

Andaram pelo mato afora, pela savana e ao longo dos rios para escutar os ventos, as pedras, as águas, as árvores e os animais. E encontraram muitas pessoas até então desconhecidas que iam lhes contando suas histórias.

Munido da pena arrancada de seu traseiro e utilizando uma tinta feita de água, pó de carvão e goma-arábica, o marabu-escrivão anotava conscienciosamente todas as histórias que escutava. O buscador e contador de histórias caminhava e pensava:

"Não me será possível recordar todas essas histórias."

Mas o marabu continuava a ouvi-las e a escrevê-las.

Pois saibam que, uma vez tendo voltado para casa, o primeiro buscador e contador de histórias obteve a solução para o problema que o atormentava. Seguindo os conselhos do marabu, encheu de água uma grande cabaça e nela mergulhou todas as histórias escritas. Durante toda a noite, naquela cabaça, que na África é chamada de canari, *as palavras escritas com tinta se dissolveram na água. No dia seguinte, na refeição da manhã, o marabu mandou que o buscador e contador de histórias bebesse todo o conteúdo do* canari *como desjejum.*

Assim, todas as histórias bebidas tornaram-se histórias sabidas.

Se por acaso você precisar beber uma história, escute o meu conselho: beba tudo. Não deixe nada no fundo do copo, porque isso poderia dar um branco em sua memória.

Essa é a razão pela qual, em todos os tempos, os contadores de histórias sempre foram, também, bons bebedores de vinho.

As oito partes do conto

1. A busca
2. A coleta das histórias
3. A escrita e a dúvida
4. O retorno
5. A solução
6. A bebida
7. A memória
8. A conclusão

Primeira parte: A busca

> *Os pássaros não podem escrever, eles têm penas demais.*
>
> *Ora, conta-se na África ocidental que no início dos tempos não havia histórias e também não havia sabedoria. O mundo era muito triste. Por isso, o primeiro contador de histórias foi também um buscador de histórias que saiu pelo mundo afora acompanhado de um pássaro-escrivão: o marabu.*
>
> *O marabu é o único pássaro que sabe qual das penas de seu traseiro deve ser arrancada para que, com ela, se possa escrever, o que faz dele um pássaro especial. É por isso que ele foi o escolhido para sair pelo mundo, pousado no ombro do primeiro buscador e contador de histórias.*

Esqueleto: A busca.
Músculos: O buscador de histórias, no início de sua jornada, e a escolha do marabu, o único pássaro capaz de escolher a pena certa para com ela escrever.

Sangue e respiração: O primeiro contador de histórias, também um buscador de histórias, parte à procura de um conhecimento especial, que traz a sabedoria.

Coração: A motivação do marabu é guiar o buscador na realização de seu desejo.

Segunda parte: A coleta das histórias

> *Andaram pelo mato afora, pela savana e ao longo dos rios para escutar os ventos, as pedras, as águas, as árvores e os animais. E encontraram muitas pessoas até então desconhecidas e que iam lhes contando suas histórias.*

Esqueleto: A coleta de histórias.

Músculos: Visita a diferentes lugares e conhecimento de novas pessoas.

Sangue e respiração: O contador de histórias viaja pelas estradas da vida, aprendendo através da comunicação com o ambiente e com seus semelhantes.

Coração: O buscador torna-se um aprendiz aberto, receptivo. O que o motiva é sua sede de aprender.

Terceira parte: A escrita e a dúvida

> *Munido da pena arrancada de seu traseiro e utilizando uma tinta feita de água, pó de carvão e goma-arábica, o marabu-escrivão anotava conscienciosamente todas as histórias que escutava. O buscador e contador de histórias caminhava e pensava:*
>
> *"Não me será possível recordar todas essas histórias."*
>
> *Mas o marabu continuava a ouvi-las e a escrevê-las.*

Esqueleto: A escrita e a dúvida.

Músculos: O marabu continua a escrever as histórias que ouve, mas o contador depara com o problema da memória: como seria possível recordar tantas histórias?

Sangue e respiração: O ser sábio do contador de histórias (representado pelo marabu) arquiva todas as informações, mas uma questão se coloca: como transformar conhecimento adquirido em sabedoria?

Coração: A dúvida em relação à memória impulsiona o contador de histórias a uma atitude reflexiva. Ele não se acomoda com o sucesso do empreendimento, está motivado a ir além da primeira etapa, que foi recolher as histórias.

Quarta parte: O retorno

> *Pois saibam que, uma vez tendo voltado para casa, o primeiro buscador e contador de histórias obteve a solução para o problema que o atormentava.*

Esqueleto: O retorno.

Músculos: De volta a casa, o marabu expõe a solução para o problema da memória.

Sangue e respiração: O contador reflete sobre sua questão: como transformar conhecimento em sabedoria? Dito na linguagem dos alquimistas: como transformar "metal em ouro"?

Coração: A atitude reflexiva impulsionou o contador à contemplação de seu mundo interior.

Quinta parte: A solução

> *Seguindo os conselhos do marabu, encheu de água uma grande cabaça e nela mergulhou todas as histórias escritas. Durante toda a noite, naquela cabaça, que na África é chamada de* canari, *as palavras escritas com tinta se dissolveram na água.*

Esqueleto: A solução.

Músculos: As histórias são imersas no *canari* cheio de água e lá deixadas durante toda a noite.

Sangue e respiração: Passando por um processo de osmose, deixando as novas informações sedimentarem-se na cisterna da experiência e integrando o externo ao interno, o contador metaboliza o material recolhido.

Coração: Nova etapa: o contador está motivado para deixar-se guiar pelo marabu (sábio interior), que lhe mostra a direção, ou seja, a ação adequada diante da situação.

Sexta parte: A bebida

> *No dia seguinte, na refeição da manhã, o marabu mandou que o buscador e contador de histórias bebesse todo o conteúdo do* canari *como desjejum.*

Esqueleto: A bebida.

Músculos: A água colorida pela tinta das histórias escritas pelo marabu é servida ao contador como desjejum.

Sangue e respiração: O contador incorpora essa nova mistura para que ela se torne parte de si mesmo.

Coração: O que motiva o contador é o desejo de integrar as experiências através de sua assimilação, de sua metabolização.

Sétima parte: A memória

> *Assim, todas as histórias bebidas tornaram-se histórias sabidas. Se por acaso você precisar beber uma história, escute o meu conselho: beba tudo. Não deixe nada no fundo do copo, porque isso poderia dar um branco em sua memória.*

Esqueleto: A memória.

Músculos: O conselho para se ter uma boa memória.

Sangue e respiração: Nessa imersão, o contador se compromete com o aprimoramento de suas próprias qualidades internas, em cada etapa.

Coração: A atitude de busca do aprimoramento na revisão da experiência é o que motiva o contador.

Oitava parte: A conclusão

> *Essa é a razão pela qual, em todos os tempos, os contadores de histórias sempre foram, também, bons bebedores de vinho.*

Esqueleto: A conclusão.
Músculos: Por que os contadores são, também, bons bebedores de vinho.
Sangue e respiração: O contador sempre deverá focar os aspectos qualitativos das experiências de vida.
Coração: A meta deve ser sempre a melhor qualidade (o auto-aperfeiçoamento).

Feito isso, passaremos ao próximo item: aprofundar o estudo dos elementos do conto. É importante que essa seja uma atividade prazerosa. O contador deve brincar com seu próprio imaginário, entrar "seriamente" no reino do "faz-de-conta", para colocar-se ao lado dos personagens ou na "pele" deles, para só então retornar desse reino fantástico como um viajante que viu, que ouviu, que esteve lá... e que agora já pode contar.

5. Como trabalhar os elementos do conto?

Como já vimos, o primeiro passo importante foi *extrair a trama*, a estrutura básica, a que chamamos de "esqueleto" do conto.

A seguir, trabalharemos sobre os "músculos", o revestimento do "esqueleto". Nesse momento, são as *imagens*, e não as palavras, o que nos interessa. Trata-se de entrar no ambiente do conto e criar intimidade com seus personagens.

Como são os personagens do conto, física e psicologicamente?

Começamos nossa viagem ao lado do herói. Podemos visualizá-lo e segui-lo em sua trajetória. Faremos o mesmo com os demais personagens do conto – nesse caso, apenas o marabu.

O primeiro homem buscador e contador de histórias

- *Como o imagino fisicamente?*

Ele tem meia-idade, estatura mediana, é negro, tem um olhar curioso e esperto e um sorriso largo.

- *Como ele se veste?*

Com uma calça cáqui bem ampla e uma túnica estampada com motivos geométricos de cores vivas. Nos pés, uma sandália de couro cru já bastante usada.

- *Quais são suas características psicológicas?*

É muito curioso, alegre, tem um espírito vivo, um humor refinado e inteligente. É gentil e determinado e tem uma presença forte. É um bom ouvinte e um bom observador, qualidades que fazem dele um aprendiz especial.

- *Que emoções e sentimentos ele experimenta ao longo da trama?*

No início da história, o sentimento é de inquietude e excitação diante da necessidade de sair pelo mundo aprendendo e buscando histórias, experimentando e enriquecendo-se com suas descobertas. Esse estado inicial de contentamento e de euforia, próprio dos que estão realizando uma tarefa muito prazerosa e gratificante, dá lugar à dúvida.

Como é possível fazer bom uso de todas essas informações? Como é possível arquivá-las na memória e estar certo de que, com o passar do tempo, elas não serão esquecidas?

Diante do conselho do marabu, o homem experimenta um sentimento ambíguo: alívio por ter a solução para suas dúvidas, mas ao mesmo tempo incerteza sobre a eficácia do método proposto pelo marabu. Ele teme perder todas as histórias procedendo daquela forma, mas decide confiar e segue a indicação do marabu.

Ao beber a água tingida pela tinta com a qual as histórias foram registradas, o buscador assimila e metaboliza, em companhia do marabu, toda a experiência vivida na viagem. Ele passa da condição de homem informado para a condição de homem sábio. Seu olhar expressa a serenidade que foi conquistada.

O marabu, pássaro-escrivão

- *Como o imagino fisicamente?*

É um pássaro grande, uma espécie de cegonha. Suas penas são brancas e luminosas ao sol. Seu canto é rouco e grave, e ele parece estar dizendo algo quando emite esse som. Se o ouvirmos com atenção, será possível decifrar seu som e nos comunicarmos com ele.

- *Quais são suas características?*

O marabu é um pássaro mágico que, quando nos fixa o olhar, sabe tudo sobre nós.

- *Que emoções ou sentimentos ele experimenta ao longo da trama?*

Pousado no ombro do buscador, o marabu está atento a tudo o que se passa ao seu redor. Ele sabe o que deve ser feito. Ele é seguro, é mágico e encantado.

Como são os espaços por onde circulam esses personagens?

A casa do contador de histórias

Fica no final de uma rua em uma aldeia africana. É pequena porque ele mora sozinho. As paredes externas e internas são pintadas de branco. Os móveis são rústicos e de madeira pesada. Num canto da sala, uma bancada com potes de barro de tamanhos variados, que ficam cheios de água muito fresca e saborosa. Apesar do calor abrasador da região, a casa do buscador é fresca. As janelas são muito grandes e através delas se pode ver um pomar bem cuidado, galinhas cacarejando no quintal, um pequeno córrego de água muito clara que corre ao fundo do quintal. Da cozinha do buscador vem um cheiro bom dos temperos do cozido que ele prepara...

(Pode-se ir muito além na criação mental dos personagens e ambientes. Aqui damos apenas um exemplo.)

Cada personagem e ambiente que aparece num conto devem ser explorados com a maior riqueza de detalhes possível.

Uma casinha tosca? Como são as paredes, o mobiliário, o chão? O que vejo através da janela? Que cheiros, cores e sons há nesse espaço?

Um palácio? Como são os aposentos, os objetos, os salões, os jardins, os tapetes? Que paisagens se podem ver através das muitas janelas e sacadas? Quais os sons, os cheiros e as cores preponderantes nesse ambiente?

Uma floresta? Quais são os tipos de vegetação? Que cores e tonalidades posso visualizar? Que animais a habitam? Que sons essa floresta produz? Qual o clima do ambiente?

Como se desenrola a história?

Vamos visualizar as cenas, fazer parte delas, sentir o ritmo que pulsa em cada uma.

Quando a história se inicia, o homem buscador está sentado num pequeno banco de madeira à porta de sua pequena casa, numa aldeia africana. Ele olha ao longe. De repente, toma uma decisão. Chama pelo marabu, que logo se apresenta diante dele, e eles se comunicam por meios especiais. O marabu pousa em seu ombro e os dois se afastam dali.

Tomam o caminho de saída da aldeia e andam muito tempo por uma estrada poeirenta. Faz muito calor, o sol queima, a vegetação está ressequida nas margens da estrada.

Pelo caminho ele cruza com algumas pessoas. O marabu lhe dá sinais sobre as que têm uma história interessante. Ele convida essas pessoas a partilhar com ele do alimento que trouxe na matula. Sentam-se à sombra de árvores e, gentilmente, ele pede ao seu convidado que lhe conte a sua história.

Cenas assim se repetem muitas vezes, até que chegam a uma cidade maior, mais movimentada, e se dirigem à praça do mercado. O cheiro de especiarias que vem da tenda de uma gorda senhora é delicioso. As frutas da estação são vendidas em muitas bancas. Ele percorre todo o mercado, informa-se dos preços, conversa com os mercadores e aprende com eles a arte dos negócios. Ali recolhe muitas histórias... Eles continuam a viagem, chegam a uma mata fresca, param para descansar, ouvir os ruídos, sentir a brisa fresca e o cheiro do mato. Atravessam um rio caudaloso e depois um rio cristalino cheio de pedras e perigos. Depois de muito percorrer o mundo, os dois amigos, marabu e contador de histórias, tomam o caminho de volta para casa.

O contador de histórias começa a duvidar de que seja possível recordar tudo o que foi visto e ouvido. Seu rosto fica tenso e preocupado. Ele é tomado por um desânimo momentâneo e pensa que talvez todo esse esforço tenha sido em vão, mas o marabu intervém e diz o que o contador deverá fazer quando chegarem em casa.

O contador segue as instruções do marabu e vai se deitar. Ele está muito cansado e precisa dormir uma boa noite de sono.

Na manhã seguinte, quando desperta, o marabu manda que ele beba toda aquela água que foi tingida pela tinta das palavras durante a noite. A água tem a cor dos bons vinhos. Ele a bebe até o fim. À medida que a água entra-lhe pelo corpo, ele começa a apropriar-se de todas as histórias vistas e ouvidas e começa a perceber que essas histórias são também a sua história.

Ele assimila no corpo e na memória todas as experiências, e só então compreende que poderá contá-las como a sua própria história.

Imagens que aguçam a memória do contador

A criação de imagens ajuda a despertar as sensações e a ativar os sentidos do paladar, tato, audição, visão e olfato por um processo de recordação das próprias experiências.

Trata-se de um trabalho de contemplação do interior de si mesmo para nele buscar o material que irá revestir o "esqueleto" do conto. É na memória "do que já ouvi, do que já vi, do que já senti, do que já provei" que posso dar vida ao conto.

É importante ficar claro que o objetivo desse exercício é a familiarização do contador com os cenários do conto, que se desenvolvem em sua imaginação como num filme a que ele pudesse assistir internamente, e a busca de empatia com os personagens.

Colocando-se no lugar dos personagens, será possível ao contador perceber-lhes cada sentimento e, em cada situação, visualizar suas expressões, seus gestos, suas atitudes e perguntar-se: eu faria o mesmo? Mas toda essa exploração não fará parte da narrativa oral.

Um conto não deve ser descritivo como um romance. O contador deve sugerir imagens, mas sempre deixar o ouvinte livre para enfeitá-las a seu modo. O excesso de detalhamento na narrativa oral faz com que o ouvinte se perca, se disperse. Além disso, não contribuiria para uma função importante do conto, que é possibilitar ao ouvinte exercitar seu próprio imaginário. A utilização da linguagem de imagens mostra-se eficaz. Por exemplo, a forma de descrever um príncipe. Em vez de enumerar-lhe as características físicas, imaginadas a partir do trabalho de criação do personagem ("músculos"), pode-se utilizar uma metáfora e dizer que "o príncipe era tão nobre quanto um pôr-de-sol no outono", ou simplesmente relacionar seus atributos mais importantes na trama: corajoso, gentil, generoso ou, se for o caso, desagradável, preguiçoso etc.

O ouvinte, dessa maneira, estará livre para criar seus próprios personagens a partir de sua experiência e de suas preferências.

Mas cuidado! Também há momentos, em determinadas histórias, em que uma descrição detalhada de certos ambientes ou personagens é necessária para "fazer viajar" o ouvinte e prender-lhe ainda mais a atenção. É preciso saber reconhecer esses momentos e dar vazão à fantasia meticulosa, criando detalhes que poderão enriquecer a narrativa.

Em seguida, passamos a trabalhar o "sangue" e a "respiração". Trata-se de construir com *as palavras* a poesia do conto.

A escolha da palavra

Buscando identificar-me com os personagens, pude conhecer-lhes as intenções mais ocultas, os pensamentos e os sentimentos. Caminhando lado a lado com eles, vi o que viram, ouvi o que ouviram, senti o que sentiram e aprendi o que aprenderam. Fui testemunha e ao mesmo tempo compartilhei seus encontros e desencontros.

Agora é escolher, entre todas as palavras, aquelas que têm maior força para transmitir os significados. Aquelas que têm o melhor ritmo e a mais bela sonoridade. Aqui, a voz é essencial. Entonação, inflexão e ritmo darão vida à narrativa. Mas não se pode esquecer que a palavra do contador não é apenas falada; ela é mostrada pelo corpo, pelo rosto, em cada gesto. Todo o corpo deve estar em sintonia com cada palavra proferida. Deve haver concordância entre o que se fala com a boca e o que se fala com o corpo. Isso é possível quando se está inteiramente dentro da situação. O trabalho sobre os "músculos" irá possibilitar essa integração.

Por último chegamos ao "coração" do conto – sua mensagem oculta, que deve ser desvelada de forma sutil; que deve levar à reflexão; e que deve alimentar o espírito. Aqui é o trabalho sobre a *intenção*. A intenção que pude pressentir no conto, o que motivou o personagem em sua jornada e a minha própria intenção ao contá-lo.

Incluir uma bela metáfora, um provérbio, um dito popular, usar gestos, expressões de rosto e de corpo, silêncios e tudo o mais que possa contribuir para colocar em relevo essa intenção é fazer pulsar o "coração" do conto, é desvelar-lhe a "alma".

6. Para ser um contador de histórias é necessário ser ator ou atriz?

Essa pergunta pressupõe que contar histórias é uma arte performática no sentido limitado que usamos hoje, quer dizer, uma atividade que está nas mãos de profissionais que detêm uma técnica precisa e grandiosa, aos pés dos quais as massas humildes se postam. Deveríamos então reformular essa pergunta: O que um contador de histórias e um ator têm em comum? Qual é a função de um ator e qual é a função de um contador de histórias?

Atualmente existem vários tipos de atores e de estilos de teatro. No caso do ator, uma boa definição é: o ator deve decorar o texto, palavra por palavra, desenvolver e incorporar o personagem e interagir com os outros atores a fim de comunicar a peça segundo a ótica do diretor. Para conseguir isso, o ator deve passar por um treinamento vocal, corporal, gestual, deve analisar o texto, fazer um trabalho de observação dos temas, improvisação etc.

No momento do ensaio, o ator deve colocar-se nas mãos do diretor, que tem a visão global de como cada personagem deve ser interpretado, de como os personagens devem se mover em cena. O diretor é como o maestro de uma orquestra: determina o ritmo, o humor, a topografia de uma peça musical.

Quanto ao contador de histórias, ele também tem um texto, que é o conto ouvido, como nas tradições orais, ou selecionado em um livro, como é o caso dos contadores atuais. O contador também deve absorver, incorporar e retransmitir a mensagem ou essência da história, e assim deve mudar o "texto" de acordo com as necessidades da platéia para interagir com ela, incluir seus comentários, sugestões e percepções.

O treinamento do contador se dá através de sua familiaridade com as histórias. Abrindo-se para o que elas têm a dizer, ele poderá escolher o melhor momento para contálas. Diferentemente do ator, que memoriza o texto exatamente como ele é, o contador está sempre aprendendo a história.

Tanto o ator quanto o contador de histórias podem usar suas experiências de vida armazenando consistentemente "chaves" que abrem várias portas para uma compreensão mais profunda do personagem. A principal diferença entre esses dois tipos de expressão é que o ator precisa de um diretor, que funciona como um olho exterior, enquanto o contador tem um diretor interior, que é a própria história.

Dessa forma, poderíamos dizer que qualquer pessoa que tenha voz, algum poder de memória e uma capacidade de observação, de reflexão, e que seja capaz de tirar lições da vida é um contador de histórias em potencial. Em muitas culturas de tradição oral, as avós são as contadoras de histórias. Elas passaram por três fases e estão entrando no que deveria ser a fase mais contemplativa da vida. Contam histórias que transmitem os frutos do seu aprendizado sobre a vida para o benefício das gerações futuras.

É importante que as mães e os pais contem histórias para suas crianças e o professor, para seus alunos.

Todos nós contamos histórias uns para os outros todos os dias. Fazemos isso em forma de anedota ou quando contamos nossas próprias experiências para ajudar a clarificar uma situação para um amigo que esteja em dificuldades ou confuso: "Certa vez, passei por uma situação semelhante e fiz assim [...]." Usamos nossa voz, gestos, expressões faciais, linguagem corporal, imitação para melhor transmitir nossa história. Inconscientemente, percebemos as reações do outro e ajustamos a contação minuto a minuto. Todas as armas do arsenal de um bom contador são ferramentas que todos nós já usamos inconscientemente.

Contadores profissionais são meramente aqueles que se desenvolvem, se dedicam e retransmitem essa capacidade de contar. Eles podem contribuir para a pesquisa daquelas histórias que são o fruto essencial da experiência humana, que têm durado porque contêm algo de verdade e ajudam no desenvolvimento da humanidade.

O MELHOR CONTADOR DE HISTÓRIAS

Era uma vez um rei. Não era um rei feliz. Ele notou que seus súditos não prestavam a menor atenção em seus decretos e mandatos. Percebeu também que eles se aglomeravam e se sentavam aos pés dos contadores de histórias na praça do mercado, nas casas de chá ou nas pousadas.

O rei decidiu aprender o segredo dos contadores de histórias. Convidou-os ao palácio com essa finalidade. Alguns disseram que era a linguagem, outros que era a experiência, outros, ainda, que era a imaginação.

Cansado de ouvir tantas opiniões, o rei despediu-se deles pedindo que se dedicassem a escrever artigos sobre as qualidades de um bom contador de histórias.

Os contadores voltaram após cinco anos com milhares de papéis escritos. Mas, de novo, o rei ordenou que voltassem com uma informação mais condensada de tudo aquilo. Cinco anos se passaram, quando voltaram trazendo um livro bastante pesado. O rei não tinha tempo para ler, pois estava muito ocupado com as questões políticas do reino. Pediu-lhes, então, que fizessem um resumo de uma página com o essencial daquelas informações.

Os contadores passaram mais cinco anos trabalhando na essência do assunto. Finalmente, apareceram com uma folha de papel e entregaram-na ao rei.

O rei pensava que, de posse desse conhecimento, poderia tornar-se o único contador do reino. Aqueles eram seus rivais, obviamente. Mesmo tendo trazido seu precioso conhecimento sobre como se tornar o melhor contador, ainda assim eles seriam competidores, e o rei queria ser o melhor deles. Inevitavelmente, se o rei se livrasse de todos eles, não haveria como não se tornar o único e o melhor contador do reino.

Assim, o rei anunciou que iria agradecer pessoalmente a um por um o trabalho. Afinal, anos de dedicação haviam tornado possível aquele projeto.

Assim foi feito: ele recebia cada um, oferecia-lhe um prêmio e apontava a porta de saída. Do outro lado, porém, encontrava-se o carrasco esperando para executar o pobre infeliz, mandando-o para o outro mundo.

Depois que o rei finalmente ficou sozinho, com suas mãos trêmulas, abriu o papel preparado para ele. Lá estava escrita somente uma frase:

"O melhor contador de histórias é aquele cujas histórias são lembradas muitos e muitos anos depois que seu próprio nome tenha sido esquecido."

7. Como escolher os contos?

Uma das perguntas mais correntes tem sido esta: Gostaria de contar histórias, mas como escolhê-las?

De modo geral, as histórias que escolhemos nos atraem pelo humor, pela mensagem, pelas imagens ou por qualquer outro motivo.

Uma história que "fala a você" é uma história que, provavelmente, vibra com sua própria experiência ou porque, de alguma forma, responde a perguntas que estão pairando no fundo de sua mente, ou até mesmo – o que, às vezes, costuma ser mais interessante – porque traz perguntas novas que ajudam a melhor reformular questões antigas. Mas uma coisa é certa: de alguma maneira você encontrará afinidade com a história que escolhe, ou seja, uma escolha nunca é inteiramente gratuita.

É útil observar, então, qual aspecto da história o atraiu primeiro. Essa será uma indicação importante para determinar a maneira como você irá contá-la. Por exemplo: se foi o humor que o atraiu primeiro, sua contação realçará o humor, através da voz, da expressão e dos gestos, enfim, da linguagem que você usa.

A escolha da história também pode partir da necessidade da platéia para a qual você irá contar. Por exemplo: se você está lidando com executivos, poderá escolher histórias que lidem com o exercício do poder ou com as relações no ambiente de trabalho.

Se o caso é a abertura de um congresso médico sobre tanatologia, por exemplo, as histórias mais adequadas serão, naturalmente, as que tratem das diversas formas de lidar com a morte. Elas podem provocar o riso ou a reflexão, podem ser impactantes ou intrigantes. Quanto maior o leque de possibilidades para se abordar o tema, mais rica se torna a apresentação. Esse é um fator importante para se levar em conta na hora de escolher as histórias. Também é interessante que haja um elemento comum entre as histórias selecionadas, para dar unidade ao contexto da apresentação. Pode-se selecionar, ainda, em torno de um tema: uma cultura, uma tradição religiosa ou uma data comemorativa.

Outro caso é o de professores que gostariam de preparar um programa anual de contos para seus alunos. Da pré-escola à universidade, os contos têm-se revelado um recurso extremamente eficaz, segundo testemunho de professores desses vários ciclos. Nesse caso, o que se deve levar em conta são os interesses próprios de cada idade. Evidentemente, essa recomendação é válida não só para professores, mas também para contadores que pretendem focalizar seu trabalho no público escolar.

Para crianças muito pequenas, de 2 a 3 anos, os contos curtos são os ideais, uma vez que a capacidade de concentração ainda não é muito desenvolvida. Além disso, elas se sentem atraídas pelas coisas concretas que descobrem e conhecem no dia-a-dia: pequenas histórias sobre os animaizinhos de estimação, os brinquedos que as rodeiam, os animais da floresta e as coisas do circo, por exemplo.

Para crianças da pré-escola, contos acumulativos que estimulem a memorização, contos de animais e também contos simples que ensinem a contar (reconto) são bem interessantes. O apelo à dramatização – que não é o mesmo que teatralização –, à mímica, às onomatopéias e às repetições ritmadas é um bom recurso para contar aos pequenos.

O LOBO, O PORQUINHO, O PATO E O GANSO
(para crianças maiores de 3 anos)

Havia uma vez um porquinho, um pato e um ganso que eram muito amigos. Havia também um lobo que vivia em um bosque perto de onde moravam os três amigos.

Um dia, os três amigos decidiram fazer uma casa para cada um.

O pato foi ao bosque, e com musgo e folhas fez sua casa.

O ganso foi ao bosque, e com musgo, folhas e raminhos fez a sua também.

Mas o porquinho pegou tábuas, pregos e martelo e construiu uma casa mais forte. Até no telhado colocou pregos, só que com as pontas para cima.

Quando haviam terminado, chegou o lobo e foi direto à casa do pato.

– Abra a porta para mim, pato!

– Por quê?

– Porque quero entrar.

– Não quero abrir.

– Prepare-se. Subirei ao telhado e pularei, pularei, até a casa afundar e cair.

E o lobo subiu em cima da casa do pato e derrubou-a, mas o pato já havia fugido para a casa do ganso.

O lobo foi para a casa do ganso. Bateu e disse:

– Abra a porta, ganso, quero entrar e comer o pato que se escondeu aí.

– Não quero abrir e não vou abrir – disse o ganso.

– Prepare-se – disse o lobo. – Vou subir ao telhado e pularei, pularei, até a casa afundar e cair.

E o lobo subiu em cima da casa do ganso, mas... o pato e o ganso já haviam fugido para a casa do porquinho.

Muito zangado, o lobo foi para a casa do porquinho e gritou:

– Abra a porta, abra a porta, porquinho!

– Por quê?

– Porque eu quero entrar e comer o pato e o ganso que estão aí.

– Não vou abrir.

– Prepare-se. Vou subir ao telhado e pular, pular, até derrubar sua casa, e vou comer o pato e o ganso que estão aí.

E o lobo subiu ao telhado e pulou e pulou, mas os pregos que o porquinho havia colocado ali se cravaram em seus pés. O lobo teve que descer, e a casa do porquinho esperto não foi derrubada. O lobo, então, pôs o focinho no buraco da fechadura e olhou para ver o que se passava dentro da casa. Então ouviu o porquinho dizer aos amigos:

– Vamos fazer uma boa massa de milho? O pato acende o fogo, o ganso traz a água e eu passo a farinha na peneira com meu rabo.

O lobo olhava, escutava e dizia:

– Comer, eu comeria o rabo do porquinho que passa a farinha na peneira.

O porquinho ouviu e perguntou:

– Que disse, lobo?

– Digo que o pato acende o fogo e... – bem baixinho acrescentou: – Comer, eu comeria o rabo do porquinho que passa a farinha na peneira.

– Que disse, lobo?

– Digo que o ganso traz a água e... – bem baixinho acrescentou: – Comer, eu comeria o rabo do porquinho que passa a farinha na peneira.

– Que disse, lobo?

– Disse que o porquinho peneira a farinha muito bem.

Quando a farinha estava peneirada, o porquinho a dissolveu com água fria, colocou-a na panela e levou-a ao fogo, mexendo com uma grande colher de pau.

Quando a massa estava cozida, o porquinho perguntou ao lobo:

– Quer provar?

– Quero, sim!

O porquinho abriu um pouco a porta e disse:

– Passe a pata.

O lobo passou e o porquinho jogou uma colherada de massa fervendo.

O lobo começou a gritar e fugiu para o bosque. Nunca mais voltou.

O porquinho, o ganso e o pato viveram juntos, felizes, e nunca brigaram.

A partir dos 5 anos de idade, os contos etiológicos, as histórias que falem sobre comportamentos corretos entre amigos, histórias de criaturas mágicas e jornadas e histórias que estimulem a imaginação e o sentido de fazer parte de uma comunidade são bem aceitos. Os contos de fadas podem ser introduzidos com uma estrutura mais simples, no caso dos menores, mas devem ganhar um enredo mais elaborado e complexo para as crianças que estão na faixa dos 7 anos.

Como o Sol passou a brilhar no mundo
(para crianças maiores de 5 anos)

No início do mundo, tudo era escuro e melancólico. Os animais se aconchegavam nas florestas e fazia muito, muito frio. Era terrível.

O leão, rei dos animais, decidiu fazer uma viagem para buscar uma solução para seus problemas. Ele estava cansado de ouvir reclamações todo o tempo.

Mais tarde, ele voltou com a notícia que ouviu dos ventos, das montanhas e dos riachos: bem longe, no Leste, numa caverna, havia uma criatura chamada Sol que tinha o poder do brilho e do calor.

Mas a viagem até lá era longa e arriscada.

– Quem irá buscar o Sol para nós? – perguntavam todos.

– Eu irei trazer o Sol – respondeu o corajoso urubu. Assim dizendo, partiu rumo ao Leste com suas penas pretas e brilhantes e sua coroa de penas coloridas como o arco-íris.

Voou e voou até não poder ir mais além. Depois, viu alguma coisa brilhante a distância. Era finalmente o Sol na caverna. À medida que se aproximava da luz, foi sentindo um calor cada vez mais forte. A luz ficou tão forte que o urubu teve que fechar os olhos.

Depois, voando muito rápido e com grande destreza, arrancou um pedaço do Sol com suas garras. Como era quente!

"Onde vou colocá-lo para que chegue seguro?", perguntou-se o urubu. "Já sei. Vou ajeitá-lo entre as penas da coroa de minha cabeça."

E assim fazendo, e se sentindo muito feliz, seguiu viagem.

Pouco tempo depois, começou a sentir um cheiro esquisito e um suor caindo em seu rosto.

Um pouco mais além, o cheiro se tornou ainda mais forte e sua cabeça parecia queimar.

E quando bateu sua asa contra a cabeça para aliviar o calor, percebeu que não estava sentindo a coroa de penas que era seu maior orgulho e fonte de alegria. Ao ver sua imagem refletida nas águas de um lago próximo, viu que havia se tornado completamente careca.

O urubu chorou até chegar em casa, envergonhado por sua aparência. Quando reencontrou os outros animais da floresta, todos foram logo perguntando:

– Você nos trouxe o Sol?

O urubu, tristemente, balançou sua nova cabeça careca, respondendo:

– Não, não pude trazer o Sol. É uma missão impossível. Devemos aprender a viver na escuridão e no frio para sempre.

O urubu voou para o alto das montanhas, afastando-se dos outros animais, e lá encontrou um lugar para morar, onde viveria sozinho com sua vergonha de ter-se tornado careca. Ele só descia quando os outros já haviam terminado suas refeições. Esse é o jeito dos urubus até hoje.

Do escuro e da fria floresta, o leão disse:

– Urubu, o valente, fracassou. Quem poderia buscar o Sol, então?

O gambá, se achando inteligente, disse:

– Eu vou buscá-lo. – E partiu.

Depois de muitas aventuras, o gambá chegou à caverna do Sol. A luz era tão deslumbrante que ele não podia tirar os olhos daquela direção. Seus olhos cresceram e foram ficando cada vez mais redondos, parecendo dois pires.

O gambá arrancou um pedaço do Sol com sua pata, mas ele estava tão quente que o gambá decidiu carregá-lo em seu longo rabo preto.

Virou-se de costas para o Sol e iniciou sua viagem de volta.

Pouco depois, sentiu um cheiro esquisito. Seu rabo ficou quente, cada vez mais quente, até que ele não agüentou mais e... ahhh! Correu até o rio e pulou na água para aliviar a dor.

Ficou ali um tempinho e, quando saiu, percebeu que seu rabo, que era tão preto quanto a noite mais negra que pode haver, havia ganhado listras brancas de cinza. Foi assim que o gambá passou a ter olhos redondos como pires e rabo listrado.

Correu para casa e, quando os outros animais perguntaram se ele havia trazido o Sol, o gambá suspirou e disse:

– Não, eu não trouxe o belo Sol, é impossível.

Todos ficaram muito tristes e silenciosos. Cada um dizia para si mesmo:

"Se o valente urubu e o inteligente gambá não conseguiram trazer o Sol, então não há esperança. Viveremos para sempre no frio e no escuro triste do mundo."

E se aconchegaram uns nos outros, muito entristecidos.

Foi quando uma voz muito fina quebrou o silêncio:

– Eu vou, eu trarei o Sol. – Era a voz da vovó aranha.

– Não seja ridícula – disse o papagaio. – Você é velha e fraca para fazer uma viagem longa e difícil como essa.

Os outros animais concordaram:

– Se o valente urubu, que é forte, e o inteligente gambá, que é ágil, não conseguiram, quanto mais essa velha frágil!

Mas vovó aranha andou até as margens do rio, pegou um pouco de argila e amassou-a com suas pernas, moldando um pote. Com um pouco mais de argila, modelou uma tampa para ele.

Logo depois, a aranha teceu uma longa teia até o Leste e foi escorregando por ela até a caverna do Sol. Cobrindo seus olhos, rapi-

damente quebrou um pedaço do Sol, jogando-o no pote e fechando-o bem com a tampa. Deslizou de volta para casa, onde encontrou os animais da floresta.

– Bem, vovó aranha, nós já sabemos que foi impossível trazer o Sol.

Mas a sábia aranha não disse uma só palavra. Simplesmente abriu o pote, e o raio de Sol saiu como uma fita brilhante.

Pela primeira vez, os animais puderam ver a beleza e a maravilha do mundo em que viviam. Essa foi a maneira como a vovó aranha trouxe o Sol para todo mundo.

A partir dos 7 anos, as crianças já se interessam pelo aspecto mágico. As metamorfoses, o encantamento, os personagens surpreendentes as fascinam nessa fase. Também os contos de fantasmas e assombrações começam a fazer muito sucesso.

A faca do rei

(para crianças maiores de 7 anos)

Havia, certa vez, um caçador. Ele era amado por todos, não só por preparar deliciosas sopas, mas também por ser um homem gentil e respeitoso com todos, jovens e velhos.

O rei do vilarejo possuía uma bela faca de aço, muito afiada, cravada com ouro, marfim e pedras preciosas.

Um dia o rei não conseguiu encontrar sua faca. Todos os cortesãos, empregados e habitantes do vilarejo procuraram por toda a parte. Mas a faca não foi encontrada. Alguém devia tê-la roubado! Mas quem teria necessidade de uma faca tão afiada assim?

Ah, o caçador!!

As pessoas começaram a evitar o homem e cochichavam entre si:

– Que desgraça! Ele fingia que era bondoso, mas agora mostrou quem realmente é. Ele não passa de um ladrão miserável!

Então o rei apareceu, anunciando e sorrindo muito:

– A faca foi encontrada!

Houve um grande alívio no vilarejo.

– Nós sabíamos o tempo todo que ela apareceria! É muito fácil perder coisas. No fundo sabíamos que o caçador é um homem digno e honesto. Ele não roubaria nem uma pedrinha da praia! Ele merece agora ser o professor das crianças da comunidade.

O caçador foi cumprimentado por todos com sorrisos e recebeu vários tapinhas nas costas.

É assim que os homens são.

E é por isso que se diz:

"Quando a faca do rei está perdida, o caçador é um criminoso; quando a faca do rei é encontrada, o caçador é um grande homem."

As aventuras, as narrativas de viagens, as explorações, as invenções, as fábulas, as lendas e os mitos são bem acolhidos a partir dos 9 ou 10 anos, assim como as histórias humorísticas, que, aliás, se bem escolhidas, já fazem sucesso desde os 6 anos.

A FELICIDADE NÃO ESTÁ ONDE VOCÊ PENSA
(para crianças maiores de 7 anos)

Nasrudin, ao ver um homem muito desconsolado, perguntou-lhe o que o preocupava tanto.

– Não há nada de interessante na vida, irmão – disse o homem. – Tenho muito dinheiro, nem preciso trabalhar. Viajo pelo mundo afora buscando encontrar alguma coisa interessante. Até hoje, ainda não encontrei.

Sem nada dizer, Nasrudin tomou a mochila do viajante e saiu correndo como uma lebre pelo caminho. Como conhecia bem a região, logo desapareceu de vista. Tomou um atalho e bem à frente voltou à estrada principal antes do viajante, que precisaria passar por ali se quisesse ir a algum lugar.

Colocou na beira do caminho a mochila que havia roubado do homem e se escondeu para esperar que o outro aparecesse.

O infeliz viajante apareceu algum tempo depois, mais desconsolado ainda, pois nunca havia sido roubado antes. Quando viu sua mochila, correu para buscá-la gritando de alegria.

– Esta é uma maneira de produzir felicidade – disse Nasrudin.

Adolescentes respondem bem a histórias que envolvam resolução de problemas, dilemas, histórias que falem dos vários aspectos do amor, além de contos das mitologias, que também são recebidos com grande atenção.

Eros e Psiquê

(para crianças maiores de 14 anos)

Havia, certa vez, um rei que tinha três filhas encantadoras. No entanto, a mais jovem, que se chamava Psiquê, ultrapassava em beleza suas duas irmãs.

A notícia de sua beleza corria os quatro cantos da terra, e desses quatro cantos vinham homens para admirá-la, para homenageá-la, como se ela fosse uma deusa imortal.

Quando punham os olhos em Psiquê, os homens diziam que nem mesmo Afrodite, a mais bela deusa do Olimpo, podia se comparar a Psiquê.

Pouco a pouco os homens foram se esquecendo de Afrodite. Os templos dedicados a ela foram abandonados, a ponto de se transformarem em ruínas.

Afrodite não suportava mais aquela situação: como uma simples mortal poderia rivalizar com ela, a própria deusa da beleza?

Inconformada, Afrodite chamou seu filho Eros, deus do amor, e pediu-lhe que a ajudasse, pois contra as flechas de Eros não existe defesa nem no céu nem na terra.

Afrodite relatou sua queixa contra Psiquê e pediu a Eros que usasse seu poder contra ela, que fizesse Psiquê se apaixonar pelo mais vil dos homens, e assim se tornar, como ele, a mais vil e detestável das criaturas deste mundo.

Eros saiu de seu palácio decidido a cumprir a promessa feita à mãe.

Mas... não imaginava que Psiquê fosse tão bela. Isso Afrodite não lhe tinha contado! E, quando colocou os olhos nela, seu coração foi atravessado por uma de suas próprias flechas.

Eros nada disse à mãe.

O tempo passava e Psiquê não se apaixonava por nenhum pervertido, como quisera Afrodite. Curioso é que nenhum homem também se apaixonava por ela. Os homens contemplavam-na, admiravam-na, adoravam-na, mas depois seguiam seu caminho e casavam-se com outras mulheres.

As duas irmãs de Psiquê já tinham se casado com reis. Sem dúvida, haviam feito ótimos casamentos, mas a bela e sedutora Psiquê continuava só.

Os pais de Psiquê preocupavam-se com isso. Tanto que seu pai resolveu consultar o oráculo de Apolo para saber de que maneira Psiquê poderia encontrar um marido.

Apolo consentiu em responder, mas suas palavras foram terríveis:

– Psiquê – disse ele – deve ser vestida com uma mortalha e levada ao alto de uma colina. Lá, ela deve permanecer só. O marido destinado a ela é uma serpente alada, terrível e mais forte que os deuses. Ele virá buscá-la e a fará sua mulher.

O pai de Psiquê foi tomado por um grande desespero diante de tal revelação, mas quem ousaria contrariar o oráculo de Apolo?

Prepararam Psiquê e levaram-na, em lágrimas, até o alto da colina, onde a deixaram sozinha.

Psiquê permaneceu sentada, esperando que seu destino cruel se cumprisse. Enquanto chorava e tremia de medo, na calma da noite, um vento leve e doce, conhecido pelo nome de Zéfiro, o mais doce dos ventos, aproximou-se dela e começou a erguê-la no ar, transportando-a da colina até uma campina macia e perfumada.

Psiquê, cansada de chorar, encontrou conforto ali e adormeceu. Quando acordou, viu diante de si um palácio magnífico com colunas de ouro, paredes de prata e o chão recoberto de pedras preciosas.

Embora não visse ninguém, ouviu uma voz que lhe dizia para entrar e se banhar nas cascatas perfumadas, pois, em seguida, um banquete lhe seria oferecido.

Enquanto Psiquê provava todas as delícias que jamais conhecera, uma música suave enchia os ares. Ela não via ninguém, e permaneceu só até a noite.

À noite, Psiquê ouviu uma voz suave que a conduzia até o quarto e não teve dúvidas de que era seu marido. Seus medos desapareceram, e ela se entregou àquele que não era nenhum monstro terrível, mas sim o esposo e amante que ela tanto desejara. Ela não podia vê-lo, mas sentia-se segura a seu lado.

Uma noite, seu amado invisível lhe disse:

– Suas irmãs estão na colina, Psiquê, e choram sua ausência. Elas temem pelo que possa ter-lhe acontecido. Você não deve escutar o choro delas nem querer revê-las, pois isso seria sua perdição e nossa destruição.

Embora Psiquê tivesse prometido que não se deixaria ver pelas irmãs, logo ela começou a se entristecer e não parava de chorar. Nem as carícias do marido a consolavam. Então ele disse:

– Amanhã, Zéfiro trará aqui suas irmãs, mas tenha cuidado com elas.

Na manhã seguinte as irmãs chegaram. Elas não podiam acreditar no que viam. Eram casadas com reis, mas tudo o que tinham não era nada diante dos tesouros de Psiquê. Aquele palácio, aquela música suave, as riquezas...

A amarga inveja começou a devorá-las por dentro, e elas insistiam para que Psiquê contasse quem era seu marido.

Psiquê nada dizia, respondendo apenas que era um homem jovem e que, no momento, ele estava viajando.

Quando Zéfiro as levou de volta, ambas tinham o coração corroído pela inveja e resolveram destruir aquela felicidade que lhes parecia demasiada.

Tramaram, então, a desgraça da própria irmã. Da próxima vez que encontrassem Psiquê, colocariam em ação a estratégia. Estavam convencidas de que Psiquê jamais vira seu marido, pois suas res-

postas eram evasivas. O plano consistia em plantar no coração de Psiquê a desconfiança e o medo.

Mais uma vez, Psiquê foi alertada pelo marido sobre os riscos que corria, mas o que fazer? Como todas as mulheres, Psiquê era obstinada e desejou ver as irmãs outra vez.

Quando se encontraram novamente, as irmãs convenceram Psiquê de que seu marido era na verdade um monstro, por isso não se mostrava na luz do dia. Até então, tinha sido um grande amante, mas... de um monstro, o que se pode esperar? Numa dessas noites, ele sem dúvida iria devorá-la, com a crueldade própria dos monstros.

Psiquê sentiu o terror invadindo-lhe o coração. Acabou concordando com a opinião das irmãs e pediu-lhes um conselho.

As irmãs já contavam com isso. Abraçando Psiquê, com calculada ternura, explicaram-lhe o plano que deveria colocar em prática.

– Quando seu marido adormecer, acenda uma lâmpada de azeite que você deixará escondida debaixo da cama. Pegue uma faca, que também deve ficar escondida sob a cama. Com a lâmpada acesa, você poderá ver onde está o coração dele. Crave-lhe então a faca no peito de uma só vez e com toda a sua força. Assim que ele estiver morto, nós a levaremos de volta para casa.

As irmãs partiram, aguardando os acontecimentos.

Por muitos dias, Psiquê debateu-se entre o amor e o medo. Ela amava seu marido mais que tudo. Ele era gentil, carinhoso e terno. Não! Ele era um monstro terrível e a mataria.

Por fim, decidiu-se: ela o odiava e iria matá-lo, mas antes queria ver seu rosto.

Quando a noite chegou, tudo estava preparado. Ele adormeceu e Psiquê teve coragem para acender a lâmpada e segurar a faca com firmeza. Na ponta dos pés, aproximou-se daquele que a proibira de lhe ver o rosto. Levantou a lâmpada e, para sua surpresa, estava diante da criatura mais bela que jamais vira.

Seu coração foi tomado de êxtase. A mão que segurava a faca se abriu, deixando-a cair por terra. Mas o azeite fervente da lâmpada derramou-se no peito de seu marido, que acordou em sobressalto. Ele viu a lâmpada e, compreendendo a deslealdade de Psiquê, par-

tiu na noite escura. Psiquê correu atrás dele, mas não podia vê-lo. Apenas escutou sua voz:

– O amor não pode viver sem confiança!

E, pela primeira vez, ele lhe disse quem era:

– Sou Eros, o deus do amor.

Psiquê chorava e lamentava a perda de seu amado:

– O deus do amor era meu marido e, miserável que fui, não confiei nele, mesmo tendo a experiência de ter vivido a seu lado...

Nada mais tendo a fazer, tomou uma decisão:

– Ele me disse que partiria para nunca mais voltar, mas eu passarei o resto de minha vida procurando por ele, e hei de lhe provar o quanto o amo.

Eros correu para a casa de sua mãe para que ela o curasse da queimadura e contou-lhe toda a sua história com Psiquê.

Afrodite, enfurecida, deixou-o com sua dor e partiu em busca de Psiquê, aquela jovem insolente que ousara seduzir até seu próprio filho! Ela mostraria a Psiquê quanto custa tocar na coroa de uma deusa.

Por seu lado, a pobre Psiquê, desolada, tentava se reconciliar com os deuses. Em suas preces, pedia a ajuda deles, mas nenhum veio em seu socorro, pois todos temiam a fúria de Afrodite.

Psiquê decidiu então ir diretamente ao encontro da deusa e se oferecer humildemente a seu serviço.

Não demorou muito e as duas se encontraram, pois Afrodite também a procurava.

– Então, você procura um marido? Seria aquele que você feriu à morte? Mas, na verdade, você é tão feia que jamais encontrará quem a ame, a não ser que se torne útil. Eu posso lhe mostrar minha boa vontade, ensinando-lhe como se tornar útil – disse Afrodite, com desprezo e sarcasmo.

Psiquê aceitou imediatamente a ajuda que Afrodite lhe propunha.

Afrodite pegou imensos sacos de grãos miúdos, sementes de papoula, alpiste e trigo. Derramou-os no chão e misturou todos. Mostrou a Psiquê aquela montanha de grãos misturados e disse:

– Você tem até amanhã de manhã para separar todos eles.

Saindo, deixou Psiquê em total desespero: como seria possível, em uma noite apenas, separar tudo aquilo? Os deuses não viriam em sua ajuda, os humanos, muito menos.

Para sua surpresa, foram as menores criaturas existentes sobre a terra que vieram em seu socorro: as formigas. A rainha das formigas convocou todas as suas súditas e pediu-lhes que ajudassem Psiquê. Operárias incansáveis, as formigas chegavam de todos os lados e, na manhã seguinte, bem cedo, todos os grãos estavam separados.

Afrodite, vendo a impossível tarefa agora concluída, foi tomada de cólera. Deu a Psiquê uma casca velha de pão para comer e mandou que dormisse sobre o chão duro, até receber novas ordens.

Enquanto Psiquê penava, Afrodite pensava: "Se eu impuser a ela um trabalho duro e penoso, logo estará esgotada e sua beleza não será mais a mesma."

– A segunda tarefa – disse Afrodite ao voltar – é trazer para mim uma boa quantidade da lã dourada dos carneiros que pastam nas margens do riacho.

Psiquê foi até o riacho indicado por Afrodite. Lá chegando, não podia acreditar em tamanha crueldade. As margens do riacho eram cheias de espinheiros espessos e os carneiros, selvagens. Eles matariam qualquer um que se aproximasse.

Cansada, Psiquê pensou que a morte seria a melhor solução. Se se afogasse, tudo estaria acabado. Abaixou-se em direção à água e, quando ia mergulhar, ouviu uma vozinha tênue:

– Não faça isso! As coisas não estão tão mal assim! Os carneiros são violentos, mas basta esperar a noite chegar. Eles vêm beber água no riacho e sua lã fica presa nos espinhos. Espere até que eles se afastem para dormir e, então, colha dos espinheiros a lã que fica ali agarrada.

A vozinha vinha de um bambu, ali nas margens.

Psiquê recobrou a coragem e assim fez. Quando entregou a lã para Afrodite, ela se enfureceu:

– Alguém ajudou você, mas ainda não é tudo. Agora quero que você me traga uma jarra de água da fonte do terrível rio Estígio.

Aquela era, sem dúvida, a mais dura das provas! O rio Estígio era odiado por todos: suas águas eram negras e sua correnteza tirava a vida de qualquer um que se aproximasse.

Psiquê foi até a cabeceira do rio. Era uma cascata rodeada por rochas escarpadas e escorregadias. A força da água era terrível. Só uma criatura alada poderia se aproximar.

Mas, por experiência, Psiquê sabia que o socorro lhe viria de alguma forma.

Não demorou muito e uma águia, sobrevoando a cabeça de Psiquê, arrancou-lhe das mãos o jarro e buscou a água no rio. Depois lhe devolveu o jarro, cheio da água negra.

Mas Afrodite obstinava-se. Cada uma das vitórias de Psiquê só fazia com que ela se enfurecesse mais e mais.

Com uma das mãos ela recebeu o jarro e, com a outra, entregou a Psiquê uma caixa vazia, ordenando-lhe que fosse até o mundo subterrâneo onde reina Perséfone, a rainha dos infernos.

– Diga a Perséfone que necessito de um pouco de sua beleza, pois tenho estado muito desgastada com o trabalho de cuidar de meu filho ferido por você. Convença Perséfone a colocar, nesta caixa, um pouco de beleza para que eu me refaça e rejuvenesça.

Psiquê, obediente, partiu à procura do caminho para o reino de Hades, o inferno. Não sabia por onde seguir, mas uma torre, vendo-a assim perdida, ofereceu-se para ajudá-la:

– Passe primeiro por um buraco na terra. Você encontrará, então, o rio da Morte. Lá você deve dar uma moeda a Charon, o barqueiro que leva as pessoas para o mundo subterrâneo. Chegando à outra margem, desça a estrada que a levará diretamente ao palácio de Perséfone. Cérbero, o cão de três cabeças, faz guarda na porta e não deixa ninguém entrar. Mas, se você lhe der um pedaço de bolo, ele ficará cativado e a deixará passar.

Tudo aconteceu como indicara a torre.

Perséfone não queria outra coisa senão prestar um serviço a Afrodite e entendeu muito bem o que a deusa, na realidade, lhe pedia. Imediatamente, encheu a caixa e entregou-a a Psiquê, que seguiu seu caminho de volta.

Porém, agora, seria a própria Psiquê quem contribuiria para sua desgraça. Por curiosidade e, mais ainda, por vaidade, acabou passando por mais uma provação. No caminho de volta, começou a pensar: "Tanto sofrimento e tanta penúria me fizeram perder muito da minha beleza. A qualquer momento posso encontrar Eros por acaso, e ele vai me achar feia e acabada. Se eu pudesse me tornar mais bela para meu amado..."

Psiquê não resistiu: roubaria um pouco da beleza destinada a Afrodite.

Abriu a caixa. Nada havia dentro dela, parecia vazia. Mas um estado letárgico começou a dominá-la e um langor mortal fez com que ela caísse num sono profundo.

Nesse momento crítico, o deus do amor interveio. A ferida já estava curada e ele desejava ardentemente reencontrar sua amada.

Afrodite havia trancado as portas, mas restavam as janelas. É difícil aprisionar o amor.

Em um instante, Eros voou pela janela e, quando encontrou Psiquê, ela já dormia o sono da morte. Retirou o sono dos olhos da amada e recolocou-o na caixa. Espetou-a com uma de suas flechas e a fez acordar. Naturalmente, repreendeu-a pela curiosidade e pela vaidade, mas assegurou-lhe que agora tudo estava bem. Pediu-lhe que fosse ao encontro de sua mãe, a quem deveria entregar a caixa.

Enquanto isso, ele voou até o Olimpo e foi ao encontro de Zeus, o pai dos deuses e dos homens, para lhe pedir ajuda. Zeus respondeu-lhe:

– Eu vou ajudá-lo, embora você já me tenha feito passar por situações constrangedoras. Já tive de me transformar em touro, em cisne e em tantas outras coisas que nem ouso citar, tudo por sua causa. Mas, contra o amor, quem pode?

Zeus convocou uma assembléia com todos os deuses, inclusive e sobretudo Afrodite. Anunciou que Eros e Psiquê estavam oficialmente casados e propôs conceder a imortalidade a Psiquê. Mercúrio foi encarregado de buscar Psiquê e transportá-la, pelo céu, até o Olimpo. O próprio Zeus a fez provar da ambrosia que a tornaria imortal.

Isso mudou completamente a situação. Afrodite nada mais poderia fazer contra sua nora, que também se tornara uma deusa. Uma aliança com ela seria mais conveniente, dali em diante.

"E, além do mais", pensava Afrodite, "Psiquê ficará morando no Olimpo. Não demora e as crianças começam a ocupar todo o seu tempo. Ela não poderá ir à terra, virar a cabeça dos homens. Assim, eles novamente voltarão para mim seus olhares e seus desejos."

Tudo terminou em felicidade.

O amor e a alma – pois Eros é o amor e Psiquê, a alma – buscaram-se e, depois de duras provas, finalmente se encontraram. E essa união, selada pelo próprio Zeus, jamais será quebrada.

A classificação que acabamos de apresentar não pode ser rígida. Vários fatores, como o grau de estimulação e o entorno emocional e intelectual, influem no processo de amadurecimento psíquico de uma criança. Portanto, trata-se de uma sugestão baseada em nossas próprias experiências com o público infanto-juvenil. O contador deverá sempre se nortear pelo que ele próprio percebe no contato com as crianças que o estão ouvindo.

Em resumo, uma escolha consciente de histórias deve ter relação com o nível de compreensão da platéia e com a intenção do contador de deixar uma impressão permanente no ser interior de seus ouvintes. Idries Shah diz o seguinte a esse respeito:

> Se a pessoa fizer uma escolha correta de histórias pedagógicas e familiarizar-se completamente com elas, elas se tornarão parte da pessoa, formando com ela um todo coeso, para em seguida funcionar como um mestre interior, revelando, através do desenvolvimento da pessoa, novas lições e aspectos da vida.[10]

[10] SHAH, Idries, 1985 (s.n.t.).

Essa parece ser uma boa orientação a ser levada em conta quando alguém vai escolher as histórias para formar seu próprio repertório.

8. Como preparar passo a passo uma apresentação de contos?

A arte de contar envolve três elementos: o contador, o ouvinte e o conto. Já tratamos da escolha dos contos e de como trabalhar os seus elementos. Agora, precisamos pensar em como preparar nossos ouvintes para recebê-los, porque o ouvinte também precisa ser preparado.

Chamamos essa preparação do ouvinte de *aquecimento*. O principal objetivo do aquecimento é catalisar a atenção em torno da palavra do contador, criando uma atmosfera de unidade no grupo. Fazer com que a atenção se mantenha durante todo o tempo da apresentação é requisito importante da arte de contar histórias. Fórmulas recolhidas no folclore de vários povos sobre as práticas mostram como os contadores podem trabalhar esse aquecimento. Algumas dessas fórmulas estão relatadas na segunda parte deste livro.

Assegurada a atenção necessária dos ouvintes para iniciar a narrativa do conto propriamente dito, utiliza-se uma fórmula de introdução. A narrativa depende de uma série de fatores para continuar prendendo a atenção. Ela deve fluir de maneira agradável aos ouvidos da platéia. O contador deverá estar ciente das habilidades que precisa aprimorar em sua prática para que sua narrativa seja bem-sucedida.

Terminado um conto, pode-se propor uma atividade que, além de descontrair, prepare os ouvintes para o próximo conto. Uma brincadeira, uma canção, um ritmo, adivinhas, anedotas, algo que seja interativo. Essa prática garante, mais uma vez, que a atenção da platéia esteja voltada para o contador.

Por último, temos o fechamento. Espera-se que o público possa sair de uma apresentação de contos com a sensação de contentamento que o prazer de partilhar de um mesmo alimento – porque o conto é um alimento para o espírito – com todo o grupo pode proporcionar. Há também fórmulas para o fechamento. Elas podem ser escolhidas de acordo com os contos que foram selecionados e com o aquecimento prévio, como veremos a seguir na segunda parte do livro.

Segunda parte

1. O conto popular

Assim me contaram, assim vos contei, contai a outros...

É preciso que o conto seja velho na memória do povo, anônimo em sua autoria, divulgado em seu conhecimento e persistente nos repertórios orais. Que seja omisso nos nomes próprios, localizações geográficas e datas fixadoras do caso no tempo.
Câmara Cascudo

Características

Uma característica dos contos populares é a facilidade com que são assimilados em culturas as mais diversas. Isso se deve à universalidade de seus temas: amor, desamor, traição, ciúme, crueldade, astúcia, encontro, desencontro, perda, esperança... Enfim, são esses os sentimentos que podemos encontrar na base das experiências que tecem a existência humana, independentemente de tempo ou lugar. Para falar desses temas, o conto popular utiliza-se de metáforas e de uma linguagem de imagens, o que o torna acessível a todas as idades e classes sociais.

Outra característica importante é sua forma de transmissão. Passados oralmente, eles atravessam fronteiras. Como aves migratórias, e de tanto viajar na "palavra" dos contadores de histórias, os contos populares vão construindo seus ninhos também no imaginário das gentes de terras distantes. Variam os nomes dos personagens, o espaço geográfico, aparecem referências sobre os costumes e as particularidades da cultura em questão, mas a estrutura de base, ou trama principal, se mantém, evidenciando que se trata do mesmo conto narrado de outro "jeito".

Algumas vezes, nessa migração, um conto ganha tantos "adereços" da cultura que o acolheu, que, a princípio, pode parecer outro conto, mas um ouvido apurado poderá reconhecer, na sua essência, a similitude entre as versões e logo saberá tratar-se do mesmo conto. Exemplo disso são os contos "O caboclo, o padre e o estudante", recolhido no Nordeste brasileiro, e "Os três tolba", recolhido no folclore libanês, ambos transcritos mais adiante.

Em suas notas sobre algumas das versões do conto "O caboclo, o padre e o estudante", Câmara Cascudo cita, entre outras, uma variante na qual aparecem Jesus Cristo, São Pedro e Judas e uma versão de Minas Gerais com um jesuíta, um dominicano e um capuchinho, e diz ainda:

> O conto é oriental e já foi incluído no secular livro árabe *Nushetol Udeba*, entre um cristão, um maometano e um judeu. Divulgou-se na Europa através da Disciplina Clericalis, fins do século XI ou princípios do século XII, reunião de contos e apólogos morais, coordenados pelo judeu converso Pedro Afonso, com dois burgueses e um camponês. [...][1]

[1] Cascudo, 1986, p. 213.

Catherine Zarcate, contadora de histórias francesa, abordando a questão da migração dos contos e de sua aclimatação nas diferentes culturas, diz o seguinte:

> O conto é como um ser humano: ele tem um esqueleto, a carne, as roupas, uma alma. O esqueleto é a estrutura do conto. Se você o modifica, você quebra o conto. A carne não é a mesma coisa. A carne é a cultura. Uma chinesa não anda como uma africana. Essa diferença existe no conto. As roupas são as palavras que você utiliza. Mas para vestir um conto não se deve cometer um erro cultural. Para contar um conto chinês, é importante saber o que é a China. Você conta um conto indiano e sente que tem em sua boca e em suas palavras o sari. Mas há milhares de saris e você pode escolher entre eles. Essa escolha cabe inteiramente a você. A arte do contador está em sua maneira de vestir o conto [...]. Em vez de rejeitar algo que possa parecer uma fraqueza do conto, porque foge ao nosso entendimento, deveríamos buscar compreender que aí há alguma coisa da cultura do povo. A cultura é completamente transmitida no conto, encontra-se aí a alma de um povo.[2]

O CABOCLO, O PADRE E O ESTUDANTE

Um estudante e um padre viajavam pelo sertão, tendo como bagageiro um caboclo. Deram-lhe numa casa uns pequenos queijos de cabra. Não sabendo como dividi-lo, mesmo porque chegaria um pequenino pedaço para cada um, o padre resolveu que todos dormissem e o queijo seria daquele que tivesse, durante a noite, o sonho mais bonito, pensando engabelar todos com os seus recursos oratórios. Todos aceitaram e foram dormir. À noite, o caboclo acordou, foi ao queijo e o comeu.

Pela manhã, os três sentaram à mesa para tomar café e cada qual teve de contar o seu sonho. O padre disse ter sonhado com a escada de Jacob e descreveu-a brilhantemente. Por ela, ele subia

[2] ZARCATE, 1987, p. 7.

triunfalmente para o céu. O estudante, então, narrou que sonhara estar já dentro do céu à espera do padre que subia. O caboclo sorriu e falou:

– Eu sonhei que via "seu" padre subindo a escada e "seu" doutor lá dentro do céu, rodeado de amigos. Eu ficava na terra e gritava:

"Seu doutor, seu padre, o queijo! Vosmincês esqueceram o queijo!" Então, vosmincês respondiam de longe, do céu: "Come o queijo, caboclo! Come o queijo, caboclo! Nós estamos no céu, não queremos queijo."

O sonho foi tão forte que eu pensei que era verdade, levanteime, enquanto vosmincês dormiam, e comi o queijo...

OS TRÊS TOLBA[3]

Três jovens tolba decidiram retirar-se para uma casinha na colina, para dedicar-se ao estudo dos livros sagrados, às preces e à meditação. Assim, aperfeiçoariam sua ciência de refinar a alma e se preparariam para a vida religiosa à qual esperavam se consagrar.

Uma casinha rústica com paredes brancas num vale ensolarado, algumas esteiras e uma bilha de água era tudo de que necessitavam nossos três estudantes que, para sobreviver, também eram professores e ensinavam aos filhos dos camponeses.

Pelos costumes locais, a população do campo confiava-lhes a educação e instrução religiosa de suas crianças, assegurando-lhes assim os proventos materiais indispensáveis à sua alimentação.

Sabe-se que os tolba têm o hábito de desenhar uma flor, com giz de cor, na prancheta do aluno, cada vez que o aluno tenha gravado definitivamente cinco versos do Corão. Orgulhosa, a criança mostra à família sua prancheta desenhada pelo mestre. Os pais a recompensam oferecendo-lhe algo segundo suas possibilidades: algumas frutas, legumes, um punhado de tâmaras ou figos secos, um pouco

[3] *Tolba* é o plural de *taleb*. A palavra *talebã* vem de *taleb*, que significa "estudante e professor da religião".

de farinha ou ovos, que a criança divide com seu mestre durante uma refeição para a qual ele é convidado.

Com essas doações regulares mais os alimentos próprios de cada estação, os estudantes da religião podem organizar, na simplicidade e no recolhimento, seu estágio de retiro e iniciação ao seu futuro como discípulo de um mestre espiritual.

No entanto, uma coisa rara nesse estilo de vida é a carne. Os camponeses, em geral, são muito pobres e dificilmente podem fazer uma doação dessa natureza.

Foi por essa razão que nossos três estudantes decidiram que, uma vez por mês, comprariam um bom pedaço de carne de carneiro e, nesse dia, iriam saborear essa carne que todo árabe aprecia tanto e que os recorda dos milênios durante os quais seus ancestrais eram pastores. Inútil dizer que chegara esse dia tão esperado do mês.

Ora, na noite de véspera, os três tolba tinham comprado uma deliciosa peça de carne que temperaram bem e puseram a cozinhar. O cheiro saboroso do molho na panela já invadia todo o recinto, quando alguém bateu à porta.

Era um velho que parecia exausto e pedia abrigo.

Os tolba não podiam recusar-se a acolher aquele "convidado de Deus". Fizeram-no entrar e ofereceram-lhe uma xícara de chá. Chegou a hora das orações da noite. O velho fez suas orações.

O cozido continuava a exalar seus aromas.

Os três tolba se entreolharam, um pouco irritados, desejando que o viajante retomasse seu caminho e os deixasse em paz para degustarem sozinhos a carne.

Mas o viajante não dava nenhum sinal de querer partir.

Foi então que os três jovens retiraram-se para o terraço para tomar a fresca:

– Realmente não temos chance! – disse o primeiro taleb.

– Seremos obrigados a convidá-lo – disse o segundo taleb –, e teremos que dividir a carne com ele.

– Eu tenho uma solução – disse o terceiro taleb. – Vou fazê-lo participar do pagamento da carne. Mas ele não irá prová-la...

– Como você fará isso? – perguntaram os outros.

– É muito simples, direi a ele que é costume em nossa zaouia[4] *cozinhar na noite de véspera a carne que é nosso regalo. Mas só na manhã seguinte decidimos quem deverá comê-la. Durante a noite, cada um sonha. Na manhã seguinte, aquele cujo sonho for o mais belo, come sozinho a carne. Então meu plano é claro: Você, Ahmed – disse ao primeiro taleb – deverá contar que seu sonho levou-o a visitar os sete céus. Você, Moussa – disse ao segundo companheiro – nos explicará como seu sonho o fez visitar as sete terras. Ora, após os sete céus e as sete terras, eu, que serei o juiz, decretarei que todas as maravilhas do mundo esgotaram-se nesses sonhos, a carne não poderia ser de mais ninguém.*

Os três amigos se parabenizaram por ter um amigo tão astuto. O trio entrou na casa e contou essa história ao velho, que, sem dúvida, pareceu um tanto decepcionado, mas concordou em participar. Depois se enrolou em seu albornoz e adormeceu, na esperança da manhã seguinte.

Os três tolba fizeram o mesmo e, como os jovens têm sono pesado, eles dormiram até de manhã.

O velho esperou apenas que eles começassem a roncar para levantar-se. A fome o consumia. Levantou delicadamente a tampa da panela, cortou uma prova minúscula na extremidade da carne e a saboreou. Que delícia! Tirou, ainda com discrição, uma fatia bem fina. Depois, de pedacinho em pedacinho e até o último pedacinho, ele não deixou mais que os ossos.

Na manhã seguinte nossos três espertinhos se levantaram. Cada um fez suas abluções. Depois tomaram juntos o café. O terceiro taleb presidiu, enfim, a abertura da sessão que ele tão minuciosamente havia preparado:

– Você tem a palavra, Ahmed... Com o que você sonhou?

E Ahmed, os olhos em êxtase, disse que tinha conhecido os sete céus, seu sonho o levara a passear pelas delícias dos sete céus superpostos. Sua descrição foi tocante.

[4] *Zaouia* significa "ordem religiosa" islâmica.

– Está bom. Mas você, Moussa, seu sonho poderá rivalizar-se com o de Ahmed?

– Certamente. Porque os passeios pelo céu são envoltos numa penumbra que não se tem nos passeios pela terra. Sobre nosso planeta, as belezas da natureza e das criaturas são infinitamente mais reais e mais sensíveis. Ora, meu sonho me fez visitar as sete terras.

– Nessas condições, eu temo, ó sheik, *que fique difícil para o senhor competir. Como foi seu sonho?*

O velho passou a mão no rosto crispado como que para afastar as lembranças de um pesadelo:

– Eu tive um pesadelo atroz. Devo dizer-lhes que fui criado por um tio cruel, brutal, bêbado, malfeitor, ladrão. Ele morreu, e suas contas com o destino eterno certamente foram acertadas, porque esta noite eu o vi sair do inferno: o rosto escurecido, os olhos como brasas, brandindo sobre mim uma enorme kalbouza em brasa e me dizendo: "Você vai imediatamente comer aquela carne, senão você virá comigo para o inferno agora!". Eu não ousei resistir-lhe. Vocês me desculpem. Realmente não foi culpa minha. Que teriam feito vocês no meu lugar?

Os tolba, inquietos, aproximaram-se da panela, levantaram a tampa e encontraram apenas os ossos. Então o terceiro taleb gritou:

– O que você faz na vida, hein, velho?

– Eu sou um velho taleb... – disse o velho, baixando dissimuladamente os olhos.

Uma grande gargalhada explodiu no peito dos três aprendizes diante dessa declaração. Eles acabavam de encontrar seu mestre!

Classificação dos contos populares

Não há um consenso em relação aos gêneros dos contos populares, porque os critérios utilizados pelos folcloristas para classificá-los não são homogêneos. Todos estão igualmente preocupados com o rigor, mas os métodos são diversos: temático, estrutural, arquetípico ou funcional. O resultado é a diferença que encontramos nos gêneros propostos em cada uma das classificações. Não é nossa intenção nos determos nesse assunto, mas devemos esclarecer que não adotamos uma classificação específica ao escolher os gêneros que vamos abordar aqui. O que nos interessa é explorar nesses contos que selecionamos as possíveis finalidades e aplicabilidades. Faremos isso partindo do levantamento de suas características mais significativas.

Comecemos, pois, pelo início de tudo: os mitos. Alguns especialistas não os consideram um gênero dos contos populares, pois os vêem como pertencentes a uma outra espécie de oralidade popular, devido a seu caráter religioso e ritualístico. Mas foi com eles que tudo começou.

2. Os mitos

Faz muito tempo: 250 mil anos a.C. ...
50 mil anos a.C. ... 40 mil anos a.C. ...

A natureza pré-histórica era, ao mesmo tempo, grandiosa e hostil, surpreendente e ameaçadora. Fenômenos como chuvas abundantes, secas prolongadas e tempestades podiam significar o "fim do mundo".

Pois foi aí, nesse tempo, e sob condições as mais adversas, que viveram nossos ancestrais. Eles eram apenas mais um elemento na cadeia alimentar. Os animais ferozes e famintos estavam sempre à espreita. Mas foi também nesse mundo feito de perigo e de fascínio que floresceu o pensamento mitológico movido pela perplexidade do homem diante de uma criação estranha e imprevisível. O pensamento mitológico se constituiu ao mesmo tempo que apareceram os túmulos e os templos. Nossos ancestrais já consideravam a possibilidade da transcendência. Eles não duvidavam da idéia de que, para além da existência puramente física, existiria "algo" muito maior que governava todo o universo e conduzia suas vidas. Esse "algo" era mistério, era imortal, era sagrado e, sobretudo, era uma experiência possível e verdadeira que precisava ser comunicada.

> Esse esforço primordial de comunicar e compartilhar a experiência do mistério ou do sagrado [...] é o que encontramos na origem do mito. É a tentativa de dizer o indizível. O ser humano, desde sua origem, vive um encontro com algo que experimenta como maior do que ele mesmo. De muitos modos ele tenta comunicá-lo falando do inefável, do sagrado, do mistério, dos deuses. Vivido e transmitido por um grupo humano ou experimentado por um indivíduo, o encontro com o sagrado é descrito como um misto de espanto, fascinação, temor e respeito.[5]

A necessidade de se compreender no mundo é uma particularidade da natureza humana já presente em nossos ancestrais pré-históricos. Foram eles os primeiros a se inquietar com as grandes perguntas que ainda hoje nos tiram o sono: De onde venho? Para onde vou? O que faço aqui? Que lugar é este?

Os mitos surgiram, pois, da necessidade de encontrar as respostas para essas perguntas. Com a idade de 6 anos, meu filho me fez a seguinte pergunta:

– Mãe, de onde eu vim?

Preparei-me para a popular história da "sementinha do papai". Ele me interrompeu a explicação biológica, tão didática, mostrando o quanto tudo aquilo era pouco interessante, e elucidou melhor sua pergunta:

– Não quero saber de sementinha, estou perguntando onde eu estava antes de estar na sua barriga.

Meu filho estava interessado em algo bem diferente da constituição física do ser. Ele se interessava por "algo" maior

[5] SEABRA, 1996, pp. 26-31.

e misterioso, que ultrapassava os limites da matéria. Como o homem mítico, ele queria compreender-se no cosmo. Não era uma aula de biologia para menores de 6 anos que ele me solicitava, era uma história – a dos mitos da criação.

> O mito conta uma história sagrada; ele relata um acontecimento ocorrido no tempo primordial, o tempo fabuloso do "princípio". Em outros termos, o mito narra como, graças às façanhas dos Entes Sobrenaturais, uma realidade passou a existir, seja uma realidade total, o Cosmo, ou apenas um fragmento: uma ilha, uma espécie vegetal, um comportamento humano, uma instituição. É sempre, portanto, a narrativa de uma "criação": ele relata de que modo algo foi produzido e começou a ser.[6]

Para entendermos a importância dos mitos nas sociedades antigas, primitivas ou arcaicas, melhor será encontrarmos o homem que nelas viveu, o homem mítico, também denominado *Homo religiosus*. Para esse homem, o tempo existia em duas dimensões: uma sagrada e uma profana.

A dimensão sagrada fala do tempo primordial ou mítico. É nesse tempo que todas as coisas significativas da existência, bem como todas as atividades humanas – alimentação, sexualidade, trabalho, educação etc. –, tiveram origem e foram reveladas aos homens, pelos deuses e pelos heróis civilizadores.

Periodicamente, esse homem precisava mergulhar naquele tempo primordial. Nele, conectava-se com os deuses e deles aprendia os modelos exemplares a seguir. Isso era possível através das festas religiosas, que obedeciam a um calendário sagrado. Nos rituais próprios a cada uma das festas, os mitos eram contados ou recitados para que os membros mais jovens do grupo fossem iniciados em seus mistérios e os mais velhos pudessem rememorá-los e reafirmá-los.

[6] ELIADE, 2000, p. 11.

Cada atividade constituía um ato real e significativo. O trabalho agrícola, por exemplo, foi revelado pelos deuses como um ritual que deveria ser seguido para assegurar a boa colheita.

Ainda hoje podemos encontrar fragmentos desses rituais em crenças como semear a terra apenas no primeiro dia da lua nova, ou só colher determinada planta antes do alvorecer.

A dimensão profana, por sua vez, diz respeito ao tempo cronológico, histórico e linear, em que a existência dos seres se desenrola. Em outras palavras, a dimensão profana relaciona-se com a expansão quantitativa, ou seja, o crescimento material e temporal. Nessa dimensão, as atividades e as ações humanas perdem o caráter religioso, sagrado e transcendente. Tomemos também como exemplo o trabalho agrícola: ao perder a conexão com o sagrado, que permite elevar-se ao mundo do espírito, ele passa a justificar-se apenas pelo interesse econômico, única finalidade para se explorar a terra.

> Para o homem religioso das sociedades primitivas o tempo sagrado torna possível o tempo profano, porque nele pode regenerar-se e reorientar suas ações. Portanto, longe de se excluírem mutuamente, sagrado e profano complementam-se harmoniosamente. São duas modalidades que "indicam as duas direções ou tendências da vida. [...] Como um grande sopro que percorre todos os elementos da criação, ritmando os atos dos homens e do mundo como uma respiração [...] que provoca um movimento que parte em duas direções: uma para o exterior, animada por uma força centrífuga, afastando-se do centro, portanto de sua origem; e outra indo para o centro, animada por uma força centrípeta, retornando para as origens. A vida é movida simultaneamente por essas duas forças ou polaridades. Graças à força centrífuga, ela difunde-se, dissipa-se, cria. Graças à força centrípeta, ela regenera-se, reconcentra-se, torna possível a renovação. Poder-se-ia identificar a força centrífuga com o profano, com a multiplicidade; e a força centrí-

> peta com o sagrado, com o movimento que aspira às origens, à Unidade.[7]

Ainda hoje, as liturgias religiosas cumprem, até certo ponto, essa função. Em qualquer evento religioso, uma missa, um culto, uma sessão, o que o fiel almeja é o contato com uma outra dimensão da realidade – a dimensão sagrada. É nessa dimensão que ele se fortalece e revê suas ações do tempo profano.

Quando eu era criança, no interior de Minas, a Semana Santa era um grande acontecimento. Começava no Domingo de Ramos e durava até o Domingo de Páscoa. A cada dia da semana havia na igreja a representação das cenas que antecederam a paixão de Cristo. Começávamos a nos inquietar no Domingo de Ramos. De segunda a quinta, estimulada pelos sermões do padre, nossa tristeza era crescente. Na Sexta-Feira Santa, atingia o clímax e não havia quem não se emocionasse às lágrimas quando Jesus, já morto, era retirado da cruz e entregue aos braços de Maria. Era essa uma experiência de catarse coletiva que fazia com que todos ali presentes se irmanassem na agonia do Cristo. A procissão do enterro, que se seguia à descida da cruz e cujo trajeto percorria várias igrejas da cidade, era momento de profundo recolhimento. O silêncio denso era quebrado apenas pela voz da mulher que, representando Verônica, cantava com o sudário em frente a cada igreja onde parava o cortejo fúnebre, pelo toque-toque dos sapatos e pelos rumores das consciências pesadas que pediam perdão pelas faltas cometidas, sussurravam preces e faziam promessas de arrependimento. Minha consciência era uma delas. Detestando as tarefas escolares para fazer em casa – o "para casa" –, eu as copiava às pressas de uma vizinha muito boa aluna. Na infância, tratava-se de um pecado grave. Além desse, havia os

[7] SCHWARZ, s.d., pp. 261-311 *passim*.

maus pensamentos – que eu nunca soube exatamente o que eram –, as pequenas mentiras para tirar proveito de uma situação e as pequenas desobediências. Era totalmente inaceitável continuar com essas atitudes depois de assistir ao sofrimento de Cristo e de Maria. É bem verdade que, no caso de uma criança, as promessas de não recair em tentação duravam apenas algumas semanas. Mas sempre haveria a próxima Semana Santa para refazê-las, espelhando-se no exemplo de Cristo.

Essa experiência, que compartilho com vocês, leitores, certamente não representa um milionésimo do que a ritualização dos mitos, nas festas, terá representado para o homem da sociedade arcaica, mas é possível que ela ilustre, ainda que precariamente, a relação com as duas dimensões do tempo – a sagrada e a profana.

Para o contador de histórias que pretende contar os mitos, pode ser interessante saber um pouco sobre o contexto em que eles floresceram. Saber que falavam de uma verdade que só poderia ser dita por meio da linguagem metafórica, que para o homem religioso eles eram uma verdade absoluta que orientava seus atos e que eram transmitidos nas festas sagradas como rituais de iniciação aos mistérios da vida.

Se, ao contá-los, pudermos nos lembrar com carinho e respeito de nossos ancestrais... Não como aqueles que acreditavam em mentiras fabulosas, como pretendeu a razão, mas como aqueles que iniciaram a grande saga da humanidade. E se, para contá-los, nos permitirmos antes aprender, com sua linguagem metafórica, a decifrar seus enigmas como fizeram nossos antepassados, quem sabe poderemos desenvolver uma outra forma de compreensão do mundo, da vida e de seus mistérios. Uma forma que seja poética, que nos permita surpreender e contemplar pelo prazer gratuito da contemplação. Assim como deverá ter sido para nossos ancestrais. Por que não tentar?

A ORIGEM DO SOL

Antigamente, não havia o Sol. Apenas oscilavam as estrelas no céu e flutuava a Lua. Também não existia ainda o homem. Povoavam a terra somente as aves e os animais maiores que as aves e os animais que hoje conhecemos. Um dia, Dinevan, a ema, e Breglai, a grua, foram passear no campo de Murrumbidye. Porém, ao chegar aí, logo se enfastiaram e passaram a lutar entre si. Breglai, encolerizada, foi até o ninho de Dinevan; encontrando ali um ovo, lançou-o com toda a sua força para o céu, onde se despedaçou ao se chocar contra um monte de lenha. A gema amarela do ovo escorreu por sobre a lenha, que se incendiou; e, logo, também o mundo apareceu banhado por uma nova luz, muito mais clara.

Ficaram todos muito assombrados, pois até então haviam vivido num perpétuo amanhecer.

A ORIGEM DA TRIBO KAYAPÓ

No começo só existia o Kayapó Katembári com sua mulher e oito filhos e outras tantas filhas. Irmãos e irmãs casavam entre si, mas não tinham filhos e, por isso, seu número nunca aumentava. Vagavam pelo mundo fazendo guerra a todas as tribos que descobriam, tomando-lhes os enfeites e adotando, como estes, as festas e as cerimônias dos vencidos. Aborrecia-os, porém, serem tão poucos e, por isso, pediram ao velho Katembári que criasse mais Kayapó. "Sim", respondeu este, "vou fazê-lo, pois também eu estou enfadado de estar só!" Saiu só para o campo alto, onde procurou uma sucupira, da qual cortou os galhos. Num vaso feito de uma folha, trouxe água e com ela fez sua magia. Depois meteu um aspersório de penas de urubu-rei na água mágica, trepou com ele no topo da árvore e, gritando alto, aspergiu para todos os lados. Depois desceu e deitou ao redor da árvore, no chão, num círculo largo, folhas de caeté, sempre uma em cada lugar onde havia de ter uma choça. Feito isso, tornou a casa e disse aos filhos: "Amanhã já teremos muitos companheiros!" Essa notícia alegrou-os muito e quando na manhã seguinte foram ao lugar onde Katembári tinha feito a sua magia, já ouviam de longe as vozes das crianças e das mulheres. Ao redor do pé de sucupira tinha surgido durante a noite uma grande aldeia de Kayapó.

3. Os contos maravilhosos

– Não estávamos lá naquele tempo?
– Claro, nós estávamos lá.
– Pois então... foi lá que certa vez um rei...

Há 25 séculos, na Grécia, o homem acordou diferente. Em sua cabeça, continuavam a martelar as antigas questões: De onde venho? Para onde vou? O que faço aqui? Que lugar é este?

Mas ele desejou responder a elas por outros meios. Queria certezas. Queria verdades comprovadas matematicamente, que elas fossem universais e que não deixassem margem a dúvidas – Tales (600 a.C.) já demonstrara, pela matemática, que isso era possível. As indagações, a partir de então, não teriam mais cunho religioso; elas seriam filosóficas. O cosmo seria investigado pelos físicos da Jônia; nada de acreditar no discurso fantasioso dos textos sagrados. A história teria rigor científico – Heródoto saberia como contá-la desse jeito. Além de tudo isso e também devido a tudo isso, a democracia ensaiava seus primeiros passos. Na democracia todos falam, a verdade é construída dessa forma e as regras a serem seguidas são uma extensão dela, não há mais um "mestre da verdade" autorizado a ensinar a palavra revelada pelos deuses. Todos podem, por si mesmos, conhecer a verdade.

Os novos ventos que sopravam no mundo traziam todas essas novidades e carregavam para longe as referências que por milênios haviam guiado os homens das sociedades primitivas, arcaicas ou antigas, como se queira.

O homem mudava e o mundo mudava com ele. Não aceitava mais os mitos como verdades absolutas para explicar os mistérios da vida. A existência humana não seria orientada pelos mesmos valores. As práticas rituais seriam substituídas pelas práticas racionais.

Era o crepúsculo da ordem mítica, cenário onde, até então, o pensamento havia florescido. Esse momento ficou conhecido na história como "passagem do mito à razão". A partir dele, a verdade a iluminar os caminhos do homem deveria ser ditada pela razão.

Mas e os mitos? Ora, os mitos. Eram fantasias próprias para ingênuos e incultos. Belas mentiras, isso sim.

Mas onde guardar tanta poesia, tanto encantamento, tanta perplexidade, tanto temor e respeito? Onde guardar esse mundo das origens, habitado pelos deuses? Ou ainda, o que fazer com os deuses?

Pois é bem possível que tudo isso tenha sido guardado nos contos maravilhosos. "Poder-se-ia dizer que o conto repete, em outro plano e através de outros meios, o enredo iniciatório exemplar. O conto reata e prolonga a 'iniciação' ao nível do imaginário."[8]

Os contos maravilhosos nos conduzem a florestas encantadas, sombrias e cheias de perigos. Palácios são encontrados no fundo dos mares. Criaturas estranhas raptam jovens indefesas. Príncipes e heróis passam por duras provas para merecer a princesa prisioneira na torre de marfim. Feiticeiras lançam maldições, encantam princesas, transformam-nas em gazelas, cadelas ou panelas. Sapos viram príncipes. O rei, doente, será curado ao beber o leite da leoa. A rainha infértil engravida comendo cerejas. Crianças abandonadas no bosque são salvas pelos animais encantados que falam qualquer língua e conhecem segredos e tesouros ocultos nas entranhas da terra.

[8] ELIADE, 2000, p. 174.

Assim é o universo dos contos maravilhosos. Povoado pelo mágico, pelas metamorfoses, pelos elementos sobrenaturais, pelos personagens bizarros ou fascinantes que se entrelaçam numa estrutura complexa. Seu tema central é sempre a luta entre o bem e o mal como meio para se restabelecer a harmonia perdida. Esse universo mantém uma relação estreita com o universo dos mitos. Há também diferenças importantes entre os dois, como por exemplo: nos mitos, o herói deverá sempre seguir, de maneira estrita, a orientação dos deuses, caso contrário, seu fim será trágico. Nos contos assistimos a uma dessacralização desses aspectos do mundo mítico, ou, como prefere Eliade, não exatamente uma dessacralização do mundo mítico, mas uma camuflagem dos motivos e dos personagens míticos, uma degradação do sagrado. O herói dos contos pode desobedecer ou negligenciar a orientação dos deuses sem que isso o leve à perdição definitiva. Sempre haverá em seu caminho os companheiros e os protetores que o ajudarão a reverter uma situação negativa criada por suas imprudências, a decifrar enigmas e a cumprir tarefas aparentemente impossíveis de realizar.

> Outrossim, se os deuses não mais intervêm sob seus próprios nomes nos mitos, seus perfis ainda podem ser discernidos nas figuras dos protetores, dos adversários e dos companheiros do herói. Eles estão camuflados – ou, se se prefere, "decaídos" –, mas continuam a cumprir sua função.[9]

Como nos mitos, os contos revelam um mundo que não é o da realidade e que tem sua representação no inconsciente coletivo dos povos. Seu conteúdo é arquetípico, ou seja, formado pelas imagens primordiais ou símbolos comuns a toda a humanidade e, ao contrário do que muitos pensam, seu alvo nunca foram as crianças. No Ocidente, até

[9] *Ibidem.*

por volta do século XVII, eles eram destinados aos adultos, situação que se prolongou no meio rural até muito recentemente. Com o desenvolvimento sempre crescente da racionalidade científica, os contos passaram a ser considerados absurdos, irracionais, próprios apenas para divertir criancinhas na hora de dormir[10]. Mas, muito embora as crianças sejam suas grandes apreciadoras, seu alcance é bem mais amplo e seu destino é a alma humana. Os contos servem para acordar, não para fazer dormir. Eles são iniciáticos, pois nos abrem as portas do mistério que é nosso próprio ser interior e nos guiam no caminho da busca para a realização plena.

A Princesa da Água da Vida

Era uma vez, quando não havia tempo, no País do Lugar Nenhum, uma pobre garota chamada Raida, que vivia solitária numa pequena cabana.

Um dia, caminhando pelo bosque, Raida viu que um enxame de abelhas havia abandonado sua colméia e decidiu recolher o mel.

"Levarei este mel ao mercado e o venderei. Com o dinheiro que conseguir procurarei melhorar minha vida", disse para si mesma.

Raida correu para casa e voltou com um pote, enchendo-o de mel. Ela não sabia, no entanto, que a causa de sua pobreza era um gênio maléfico que tentava por todos os meios que ela não obtivesse êxito em coisa alguma.

O gênio acordou quando alguma coisa lhe disse que Raida estava começando a fazer algo útil. Ele correu ao lugar onde ela se encontrava com a intenção de causar-lhe problemas. Logo que viu Raida com o mel, o gênio se transformou em um galho de árvore e empurrou seu braço, de maneira que o pote caiu e se quebrou, entornando todo o mel. O gênio, ainda sob a forma de um galho, riase com satisfação, balançando-se de um lado para o outro.

[10] Péju, 1981, pp. 10-2 *passim*.

"Isto a deixará furiosa", disse para si mesmo.

Mas ela apenas contemplou o mel e pensou:

"Não importa, as formigas vão comer o mel e, talvez, algo surja disso."

Raida tinha visto uma fileira de formigas cujas exploradoras já estavam experimentando o mel para ver se lhes seria útil. Quando começou a atravessar a floresta, no caminho de volta para sua cabana, Raida notou que um cavaleiro estava vindo em sua direção.

Quando estava a apenas um metro dela, o homem levantou o chicote displicentemente e, ao passar, bateu num galho. Raida viu que era uma árvore de amoras e que o golpe tinha feito com que as frutas maduras caíssem no chão. Ela pensou:

"Boa idéia. Recolherei as amoras e as levarei ao mercado para vendê-las. Talvez algo surja disso."

O gênio a viu juntando as frutas e ria-se por dentro. Quando ela terminou de encher seu cesto, ele se transformou num burro e a seguia silenciosamente pelo caminho que levava ao mercado.

Quando Raida se sentou para descansar, o gênio sob a forma de burro aproximou-se, esfregando o focinho em seu braço. Raida bateu-lhe no focinho e, então, a horrível criatura se jogou sobre o cesto de amoras, esmagando-as até a polpa. O suco espalhou-se pelo caminho e o falso burro afastou-se galopando alegremente entre os arbustos.

Raida olhou para as frutas com desânimo. Nesse momento, no entanto, a rainha estava passando por ali a caminho da capital.

– Detenham-se imediatamente! – ordenou aos carregadores da liteira. – Essa jovem perdeu tudo. Seu burro esmagou as frutas e fugiu. Ela estará perdida se não a ajudarmos.

Assim foi que a rainha convidou Raida a subir na sua liteira e rapidamente se tornaram amigas. A rainha deu uma casa a Raida e logo ela se converteu em uma próspera comerciante, por seus próprios méritos.

Quando o gênio viu como as coisas estavam indo bem para Raida, deu uma boa examinada na casa para arruiná-la. Ele percebeu que todas as mercadorias eram guardadas em um armazém atrás da casa. De modo que botou fogo na casa e no armazém, que se queimaram até os alicerces em menos tempo do que se leva para contar.

Raida saiu da casa correndo, quando sentiu o cheiro da fumaça, e contemplou as ruínas com pesar. Então, percebeu que uma fila de pequenas formigas estava se formando. Elas carregavam grão a grão sua reserva de milho, que estivera embaixo da casa, para outro local de maior segurança. Para ajudá-las, Raida ergueu uma grande pedra que cobria o formigueiro e debaixo dela brotou uma fonte de água. Enquanto Raida a experimentava, as pessoas iam se juntando a sua volta, exclamando:

– A água da vida! Isto é o que foi profetizado!

Elas contaram a Raida como havia sido profetizado que, um dia, depois de um incêndio e de muitos desastres, uma fonte seria encontrada por uma jovem que não se afligia com as calamidades que lhe aconteciam. Essa seria a última fonte da vida.

E foi assim que Raida se tornou conhecida como a Princesa da Água da Vida, da qual até hoje é a guardiã. Essa água pode ser bebida para dar imortalidade àqueles que a encontram, por não se impressionarem com as calamidades que lhes possam ocorrer.

O PRÍNCIPE SERPENTE

Era uma vez uma rainha. Ela tinha um filho que era uma serpente. Ele tinha olhos de serpente, boca de serpente, pele de serpente. Ele era tão horripilante que foi preso na mais alta torre do castelo. Mas nesse país não se matavam os monstros, então ele cresceu.

Os anos se passaram e, um dia, a serpente chamou a rainha sua mãe e disse:

– Já cresci e quero me casar. Você é a rainha, vai partir e bater em todas as portas. Quero que esta noite você me traga a moça mais linda.

A rainha recusou-se:

– Não é possível, você é um monstro, uma serpente, você não pode se casar com uma mulher humana. Se você se casar com uma

mulher, ela será encontrada morta em seu quarto. De jeito nenhum, os monstros não se casam.

O monstro olhou a rainha no fundo dos olhos e disse:

– Se você não me trouxer uma esposa esta noite, é você quem morrerá.

Então a rainha partiu. Ela caminhou por todo o país. Bateu em todas as portas do reino.

Quando a noite chegou, ela ainda não tinha encontrado ninguém. Então, quando se preparava para voltar ao castelo, viu sobre a colina uma casinha, uma cabana.

Ela se aproximou e bateu. Veio atender uma velha com suas três filhas.

A rainha pediu a mais velha para o príncipe serpente. A mãe recusou-se, mas a rainha colocou tanto dinheiro sobre a mesa, que a pobre mãe acabou consentindo.

A mais velha seguiu a rainha pelo caminho do castelo.

– Amanhã eu serei a rainha do país – ela dizia. Ela sentia medo, mas estava orgulhosa. No seu coração havia os dois sentimentos: o medo e o orgulho. Mas o orgulho comeu o medo, ela olhou para os lados e viu que já não havia mais ninguém nas ruas. Talvez aquela fosse a última vez que ela passaria por ali, e isso a deixou com muita raiva no caminho para o castelo. Já próximo da entrada, ela viu uma velha, uma velhíssima que caminhava curvada sobre um bastão.

Quando a velha a viu, disse:

– Aonde você vai mocinha? Já é tarde, é hora de voltar para casa.

– O que você tem a ver com isso? Amanhã serei a rainha do país – e deu-lhe uma rabanada.

– Deixe-me passar.

– Pior para você – disse a velha. – Vire-se sozinha, você poderia me tratar de outra forma.

Realizou-se o casamento, e todos dançaram como se faz nos casamentos. Mas na manhã seguinte, quando foram chamar a princesa no quarto do príncipe serpente, tudo o que encontraram foram algumas manchas de sangue e alguns fios de cabelo. Era tudo o que havia sobrado dela. Ele a tinha devorado.

O príncipe, então, chamou a rainha pela segunda vez e, quando ela chegou, ele disse:

– Recomece, como ontem. Eu quero outra, senão, é você quem morrerá.

Então a rainha partiu. Ela andou por todo o país, mas não encontrou ninguém que aceitasse. E depois vocês sabem... nas histórias, o que se passa uma vez, se passa duas e três vezes.

Na terceira procura da rainha, quando a moça mais jovem passou ao lado da velha, ela não disse nada porque no seu coração o medo comeu o orgulho. A velha, ao vê-la passar, disse:

– Aonde você vai? Já é tarde, é preciso voltar para casa.

– Minha casa agora é este castelo em frente.

Então a velha disse:

– Ah! É você quem vai se casar com o monstro hoje? Você foi a escolhida? E você não vai me desprezar como as outras? Você não vai me insultar como as outras?

– Não.

– Oh, eu diria que você tem medo, não?

– Claro que tenho medo – ela disse. – Quem não teria medo no meu lugar?

A velha disse:

– Escute, você fez bem em parar um pouco. Você falou comigo com gentileza, então vou te contar um segredo. Não tenha medo, vá ao casamento e divirta-se, é preciso apenas que você fique atenta a uma coisa: vista três vestidos. Primeiro um branco, depois um roxo, depois um azul. E quando o príncipe serpente disser: "É hora, vamos para o quarto, tire sua roupa", você deverá responder: "Tudo bem, mas tire você primeiro" – e você verá.

Fez-se o casamento e a princesa divertiu-se muito, dançou toda a noite como nos casamentos anteriores.

Mas, à meia-noite, o príncipe serpente entrou no salão e a música parou. Ele pegou a jovem pelo braço e a empurrou para o quarto, fechou a porta pesada de madeira e, quando ficaram sozinhos, ele disse:

– Já é hora, tire sua roupa.

Então, ela respondeu:

– Tudo bem, mas tire você primeiro.

O monstro ficou surpreso e disse:

– Não se esqueça que sou uma serpente e você sabe: uma serpente pode tirar a pele. Se você quer ver uma serpente tirar a pele, olhe.

Ele começou a descolar sua pele de serpente. A pele se soltava, se descolava, se esticava, queimava como papel. Ele a tirou completamente e a jogou no chão, diante dela. Ela, então, tirou o vestido azul e jogou por cima da pele da serpente que estava no chão.

Ele viu o vestido roxo e disse:

– Mas o que foi que eu te disse? Já é hora, tire a roupa.

– Tudo bem, mas tire você primeiro.

Então, como tinha começado, ele teve de continuar a tirar a segunda pele. Essa não era de serpente, mas de besta, de urso: pesada, negra, profunda como uma floresta, e ele a tirou completamente e a jogou no chão. A jovem tirou o vestido roxo e jogou por cima da pele. Quando ele viu o vestido branco, disse:

– Mas o que eu te disse? Rápido, tire a roupa.

E ela respondeu:

– Tudo bem, mas tire você primeiro.

Então, como já havia começado, o príncipe teve de continuar e tirar a terceira pele. Essa não era nem de serpente nem de urso. Era de pedra. E ele a tirou, a pedra quebrava, estraçalhava, arrebentava, e logo não havia nenhum pedaço. Houve um grande estalo e, quando a jovem olhou para ele, viu que no lugar da serpente havia um príncipe, belo como todos os príncipes. Ela tirou o vestido branco e eles se deitaram. Dizem que, depois desse dia, eles ficaram juntos durante dias, meses, anos.

Dizem também que, enquanto se conta essa história, eles continuam sendo príncipe e princesa, como todos os príncipes e princesas que se amam.

4. Fábulas, apólogos e contos de animais

Moral da história:
Nunca forme uma sociedade
sem primeiro saber como será
a divisão dos lucros.

A raposa convida a cegonha para o jantar e serve-lhe uma sopa em prato raso, tornando impossível à cegonha, com seu longo bico, sorver a sopa em tal recipiente. A lebre, frágil porém ágil e inteligente, sempre haverá de vencer o leão, muito mais forte mas estúpido. E para um astuto, astuto e meio. A agulha e a linha disputam para saber qual delas é a mais importante na costura.

A característica comum a esses três gêneros é a lição de moral, recurso pedagógico que não sai de moda. No caso do apólogo, os personagens são objetos. Nos contos de animais, claro, os personagens são os próprios animais, mas com funções bem diferentes das que eles cumprem nos contos maravilhosos. Nestes, os animais não são apenas animais; são aliados dos heróis e têm poderes mágicos ou, em alguns casos, são seres humanos que foram metamorfoseados.

Nos contos de animais, eles conservam sua natureza animal mas comportam-se como seres humanos. O trunfo que tornou esses contos tão populares é que, neles, o animal encarna as fraquezas humanas, criando uma distância para que se possa abordá-las de forma divertida e ao mesmo tempo educativa.

Para Thompson, citado por Padovani (1999), os contos de animais se originaram em algumas das seguintes fontes: a) as fábulas literárias indianas; b) as fábulas de Esopo; c) os contos medievais de animais; e d) a tradição oral pura.

Quanto às fábulas, elas se confundem com os contos de animais no que tange a sua estrutura simples e seu caráter educativo, mas seus personagens não são necessariamente os animais. Constituem um gênero tão antigo, que sua origem se perdeu no tempo. Talvez sejam uma evolução dos mitos primitivos que, ao perder seu caráter religioso, passaram ao mágico nos contos maravilhosos para, finalmente, focar seus temas em torno da moral e do cotidiano social.

As fábulas podem ter surgido na Ásia Menor e de lá migrado para as ilhas gregas. Há registros delas no antigo Egito, e na Índia podemos encontrá-las no *Panchatantra*, o mais antigo livro de contos conhecido no mundo, cuja versão árabe é conhecida no Ocidente como *Livro de Kalila e Dimna*[11]. Na Grécia, o mais famoso fabulista foi o escravo Esopo, que teria vivido entre os séculos VI e VII a.C. Na China antiga, elas constituem a quintessência e tiveram um grande florescimento nos séculos IV e III a.C., quando a dinastia Zhou começou a ruir. Alguns aristocratas tornaram-se plebeus, e plebeus tornaram-se filósofos e políticos. Eles viajavam por todo o país devido às disputas entre as escolas filosóficas às quais pertenciam. Assim, tiveram um contato muito próximo com o povo e dele assimilaram as fábulas que ainda hoje são contadas na China.

Na Idade Média, as fábulas foram largamente utilizadas pelo clérigo para transmitir valores morais. Na França, encontramos no século XVII o grande fabulista La Fontaine, que, testemunhando os acontecimentos de sua época, denunciou as injustiças sociais através das fábulas que criou e das que recontou. Sua intenção era instruir enquanto distraía. Ele dizia: "Naquilo que escrevo, o corpo é a fábula; a alma, a moralidade."

Em Roma, Fedro é a grande referência, mas temos Faërne, na Renascença, e Leonardo da Vinci. No Brasil, Monteiro Lobato é o mais conhecido fabulista. Todos esses autores e muitos mais se inspiraram nas antigas fábulas para criar outras e, em muitos casos, recontaram as já existentes dando-lhes um novo matiz, sintonizando-as com seu tempo ou com sua cultura.

[11] Trad. bras. São Paulo, Martins Fontes, 2005.

As fábulas continuam a ser contadas para educar, para formar, para denunciar e para divertir. E, pelo visto, continuarão a ser contadas enquanto existirem os seres humanos com suas mazelas. Afinal, são essas mazelas que as inspiram e as mantêm extremamente atuais.

O leão e as outras feras

Certo dia, o leão saiu para caçar com três outras feras e os quatro pegaram um veado. Com a permissão dos outros, o leão se encarregou de repartir a presa e dividiu o veado em quatro partes iguais. Porém, quando os outros foram pegar seus pedaços, o leão falou:

– Calma, meus amigos. Este primeiro pedaço é meu, porque é o melhor pedaço. O segundo também é meu porque eu sou o rei dos animais. O terceiro, vocês vão me dar de presente para homenagear minha coragem e o sujeito maravilhoso que eu sou. E o quarto... Bom, se alguém aí quiser disputar esse pedaço comigo na luta, pode vir que eu estou pronto. Logo, logo saberemos quem é o vencedor!

Moral: Nunca forme uma sociedade sem primeiro saber como será a divisão dos lucros.

A capa velha

Sobre a mesa, o corte de linho envaidecia-se de sua beleza e qualidade.

– Em que linda roupa me transformarei! – exclamou, orgulhoso.

De repente, o linho reparou numa capa velha e puída atirada num canto. Com desprezo, o linho novo disse à capa velha:

– Ora, seu trapo imundo! Que coisa mais feia!

Passados vários dias, o dono do linho mandou fazer com ele uma roupa. Mas, ao sair à rua, apesar disso, jogou por cima a capa velha. Quando a roupa nova a reconheceu, ficou toda ressentida:

– Como foi que, de repente, você ficou tão importante a ponto de estar por cima de mim?

Respondeu a capa velha:

– Primeiro, mandaram me lavar. Torceram-me com toda vontade para tirar a poeira, a terra e a lama que havia. Quando acabaram, pensei: puxa, valeu a pena tanto sofrimento para ficar limpa de novo! Olhem só! Não pareço melhor, mais bonita do que antes? Enquanto eu pensava assim, meteram-me num caldeirão de água quente, depois num outro, de água morna. Lavaram-me, enxaguaram, secaram, passaram. De repente, quando olhei, havia-me transformado numa roupa linda! Dei-me conta, então, de que, para estar por cima, é preciso merecer.

O PREÇO DA INVEJA

Uma pobre mulher vendia queijos na feira quando um gato se aproximou e roubou um dos queijos. Um cão viu o gatuno e tentou tirar o queijo dele. O gato enfrentou o cão. Então, eles começaram a brigar. O cão latia e avançava; o gato miava e arranhava, mas ninguém conseguia ganhar a briga.

– Vamos procurar a raposa para que ela sirva de juiz – o gato finalmente sugeriu.

– Está bem – disse o cão.

E assim eles foram procurar a raposa.

A raposa ouviu os argumentos de cada um com ar ponderado.

– Animais estúpidos – ela os repreendeu –, por que agir dessa maneira? Se ambos concordarem, eu dividirei o queijo em dois e vocês dois ficarão assim satisfeitos.

– Está bem – concordaram o cão e o gato.

Então, a raposa apanhou uma faca e cortou o queijo em dois, mas não no sentido da largura, e sim no sentido do comprimento.

– A minha metade é menor! – protestou o cão.

A raposa observou a metade do cão com ar ponderado.

– Você tem toda razão – disse.

Então, ela deu uma mordida no pedaço do gato.

– Assim os dois ficaram iguais – explicou.

Quando o gato viu o que a raposa tinha feito, começou a reclamar.

– Olhe só, agora é a minha metade que está menor!

A raposa tornou a pôr os óculos e observou criteriosamente a metade do gato.

– Você tem razão – disse a raposa. – Num instante eu conserto isso.

E mordeu o pedaço do queijo do cão.

A coisa continuou por tanto tempo, com a raposa ora mordendo a metade do cão, ora a do gato, que ela terminou por comer todo o queijo, bem diante dos olhos dos dois animais.

5. Lendas, sagas, epopéias e contos etiológicos

As lendas têm uma semelhança com os mitos, mas só aparentemente. Como nos mitos, sua finalidade é explicar a origem de algo. Mas os mitos tratam de uma explicação cosmogônica do universo que diz respeito a toda a humanidade e são transmitidos por meio de rituais religiosos. O que as lendas explicam são os acontecimentos tidos como verídicos, ocorridos num determinado tempo e geograficamente localizados. Por essa razão, alguns autores, como Câmara Cascudo, não as incluem entre os contos populares, cujas características fundamentais são o encantamento e a indefinição de tempo e espaço.

As lendas podem explicar o aparecimento de uma fonte, de uma ponte ou de uma colina. Podem referir-se a seres sobrenaturais como as fadas, o Caipora e o Saci-Pererê, mas seus personagens não têm a mesma função dos deuses míticos. Podem falar também dos milagres de santos católicos ou relatar os grandes feitos históricos dos grandes heróis. Elas estão sempre ligadas a uma crença originada em um fato até certo ponto real. Podemos classificá-las em: lendas, lendas, lendas e... lendas.

Lendas sobre lugares naturais

Você sabe a origem da lagoa que existe em uma cidade mineira chamada Lagoa Santa?

Essas lendas explicam por que, em determinado lugar, geralmente devido a um comportamento dos humanos, ocorreu um acidente, uma catástrofe ou até uma bênção, dando origem a um lago, a uma montanha, a um rochedo etc.

A lenda de Lagoa Santa

No tempo dos antigos, não havia aqui essa lagoa grande. Era só um pocinho de água santa. Nem aldeia ou povoado existia ainda. O povo vinha de todos os lugares e de muito longe para banhar, com a água do poço, suas feridas, suas alergias e também para beber e levá-la nas garrafas para os doentes que não podiam caminhar até aqui. As santas águas curavam de um tudo.

Mas, um dia, aconteceu o que sempre costuma acontecer quando gente demais se junta. Os avarentos aparecem para explorar os pobres – o que é uma pura sem-vergonhice.

Pois eles chegaram vendendo de tudo e construíram casas e até uma igrejinha que tinha uma cruz dourada na torre. Se fosse só isso até que estava de acordo, mas a ganância cresceu e eles quiseram vender a água que Deus tinha dado de graça para todos que dela pudessem precisar. Isso aí não estava de acordo e, como castigo, numa noite, quando todos já dormiam, ouviu-se um grande estrondo. Foi o pocinho que estourou e cobriu de água tudo o que estava ao redor. Virou então essa lagoa de hoje. No começo, as águas eram muito claras e transparentes. Dava para se ver lá no fundo o povoado. Ao meio-dia, o Sol a pino refletia na cruz da torre da igrejinha submersa, e uma cruz dourada se formava sobre toda a superfície da lagoa. Dizem os antigos que, se a sem-vergonhice não parar, arrisca-se a ter um novo estrondo, e essa lagoa de hoje aumentar ainda mais, cobrindo toda a cidade.

Que Deus nos livre da sem-vergonhice.

Amém.

Essa lenda contou-me meu avô Isael quando eu era criança. Até hoje costumo sonhar com os tesouros incalculáveis que devem estar ocultos no fundo da lagoa de Lagoa Santa. Sinto muito que ela esteja tão poluída e já não se possa mais ver a cruz dourada se formar em sua superfície ao meio-dia em ponto.

Mas vamos ao que há de verdade em tudo isso. Certa vez, convidei um amigo geólogo para conhecer Lagoa Santa enquanto esperávamos o horário de seu vôo de volta ao Rio. Contei-lhe a lenda e, ao terminar, ele disse:

– Isso tem um fundo de verdade, esta região é vulcânica, portanto, realmente pode ter ocorrido algo assim.

Aí está um bom exemplo de lenda: um fundo de verdade costurado com uma boa fantasia.

Lendas explicativas e contos etiológicos

Você sabe por que a girafa tem um longo pescoço?
Por que a coruja tem um biquinho pequeno?
Por que água do mar é salgada?

As lendas explicativas, que chamaremos também de contos etiológicos, explicam desde os fenômenos naturais, passando por certas características, sentimentos e alguns tipos de comportamentos humanos e certos aspectos da natureza dos animais, até a origem das flores e das cores. Diferem dos mitos porque nelas não há ritualização nem intenção religiosa. Como as fábulas e os contos de animais, elas podem ter um caráter moral. Um aspecto importante dessas lendas é que respondem a uma característica bem própria do ser humano: "o desejo de coerência, a propensão a ligar, a organizar e a dar sentido"[12].

A LENDA DO AMOR

Era uma vez, no início dos tempos, um mundo em que não existiam homens nem mulheres, apenas os sentimentos que vagavam pelo planeta.

Numa tarde de chuva, os sentimentos não sabiam o que fazer.

O Tédio só ficava bocejando. A Ternura, então, propôs brincar de esconde-esconde. Todos acharam uma ótima idéia. Quer dizer, nem todos, porque o Ódio disse:

– Eu não. Eu não gosto deles.

A Verdade preferiu não se esconder. Para quê? De qualquer maneira ela sempre apareceria... A Sabedoria disse que isso era uma brincadeira de tolos. É claro. A idéia não tinha sido dela... E a Covardia preferiu não se arriscar... Mas a Amizade disse:

– Oh! Que coisa boa, estamos todos juntos.

E a Loucura quis ser o pegador, mas a Inveja foi logo dizendo:

– Por que tem que ser ela, sempre ela? Só porque é louca???

Mas a Loucura a essas alturas já estava contando: 98, 27, 35, 44, 55, 63, 22...

Enquanto isso os sentimentos começaram a se esconder um a um.

O Amor não sabia o que fazer. Resolveu se esconder atrás de uma roseira, mas pensou que, logo, logo a Loucura iria encontrá-lo. Então, resolveu se enterrar entre as raízes da roseira.

Foi o tempo exato para que a Loucura terminasse de contar: – 25, 99, 1..., lá vou eu...

12 LOISEAU, 1992, p. 100.

Mal abriu os olhos, quem achou ao seu lado?

A Preguiça, que não tinha saído do lugar.

Caiu um raio que iluminou o céu e um dos sentimentos que ainda tentava se esconder, ora atrás duma árvore, ora atrás de outra...

Quem era? A Dúvida.

Depois, de uma só vez, a Loucura encontrou dois, pois a Inveja, é lógico, tinha se escondido à sombra do Sucesso. Começou a sentir um cheiro horrível, nojento. Aproximou-se do lixo e encontrou a Injustiça. E assim ela foi encontrando, um a um, todos os sentimentos. Mas faltava o Amor. Procurava e procurava e não o achava. Então, a Traição aproximou-se e disse baixinho:

– Está na roseira.

A Loucura não entendeu. A Traição falou mais alto:

– Está no meio da roseira, entre as raízes da roseira.

A Loucura, mais louca do que nunca, aproximou-se da roseira e arrancou-a de uma vez. O Amor veio junto, só que com os olhos ensangüentados.

A Loucura, desesperada, perguntou:

– Amor, o que eu te fiz?

– Tu me cegaste.

– O que posso fazer por ti?

– A partir de hoje serás o meu guia.

E é por isso que, desde aquele dia, o Amor e a Loucura andam sempre juntos.

Por que a água do mar é salgada

Há muito tempo, a água do mar também era doce. Nesse tempo existiu, muito longe daqui, um pescador. Seu primeiro filho, de nome Silvestre, era um bom rapaz, mas tinha um problema: ficava todo o tempo com a boca aberta, por isso o pedaço de sabedoria que lhe cabia neste mundo saiu todo pela boca. Então, ele ficou idiota.

Quando seu segundo filho veio ao mundo, o pescador, preocupado, foi imediatamente procurar uma fada para ser a madrinha. Pe-

diu-lhe que fizesse alguma coisa para que aquele filho não tivesse a mesma sorte do primeiro e não mostrasse a garganta à Lua.

A fada respondeu que isso era um negócio de Deus e que ela, portanto, não poderia interferir. Mas deu de presente ao seu afilhado um moinho de café.

– Se ele tiver necessidade de qualquer coisa – disse a fada –, basta dizer: "Moinho, moa." Ele terá, em abundância, o que desejar. Mas o moinho só poderá parar quando se disser a seguinte fórmula: "Todo começo é o princípio do fim." Que meu afilhado se lembre bem disso; caso contrário, o moinho não poderá parar.

E a fada desapareceu.

Pela graça de Deus, o menino cresceu esperto e mantendo a boca fechada para que seu pedaço de sabedoria não escapasse fácil. Tornou-se um jovem forte e trabalhador e jamais recorreu ao moinho, preferindo tirar seu sustento das próprias mãos.

Mas um dia seu pai cometeu a imprudência de contar, na frente do filho mais velho, as virtudes extraordinárias do moinho que se empoeirava em cima do armário.

Na manhã seguinte, o pai e seu segundo filho foram à pesca, como de hábito, e deixaram Silvestre sozinho em casa.

Silvestre, então, não teve dúvidas. Pegou o moinho e pensou: "Não há nada no mundo que eu goste mais do que leite batido. Eu queria leite batido até não poder mais."

– Moinho, moa!

Assim dito, assim feito: o moinho começou a funcionar e uma fonte de leite batido começou a jorrar e se espalhar por toda a casa.

Silvestre embriagou-se de leite batido e, quando já não podia mais, tentou fazer o moinho parar, mas, pobre idiota, não conseguia se lembrar da fórmula.

Quando o leite batido já saía pelas janelas da casa e inundava o jardim, o irmão mais novo chegou da pesca e, bem rápido, disse:

– Todo começo é o princípio do fim.

Imediatamente, o moinho parou.

Algum tempo depois, Silvestre, tendo se esquecido da primeira experiência, começou a desejar ardentemente uma sopa de carne.

Então, esforçou-se para lembrar a fórmula que seu irmão usara para parar o moinho. Quando já estava convencido de que a tinha na ponta da língua, pegou novamente o moinho, mas dessa vez teve a precaução de levá-lo para fora de casa, no meio do campo, com medo de que alguma surpresa pudesse pegá-lo desprevenido. Como vocês vêem, ele já estava um pouco menos idiota.

– Eu quero uma sopa de carne tão deliciosa quanto aquela que só os muito ricos têm à mesa. Moinho, moa!

Tão logo disse isso, o moinho começou a jorrar sopa de carne. Silvestre regalou-se até não poder mais e, quando estava satisfeito, disse:

– O fim começa no começo.

Alguma coisa dera errado, porque o moinho não parava. Continuava ainda com mais força e, assim, não demorou muito para que a sopa invadisse todo o campo em torno da aldeia e transformasse a região num pântano que até hoje está lá.

O pobre idiota conseguiu se salvar, nadando na sopa. Seu irmão, que voltava da pesca, precisou usar o barco para alcançar o moinho e fazê-lo parar.

Silvestre, entretanto, não perdeu a coragem. Ele pensou: "Levando o moinho para o alto-mar, não estarei arriscando nada, pois o mar já é inundado mesmo." Pegou o barco de seu irmão e, com o moinho, remou para longe.

Mas, começando a refletir, chegou à conclusão de que até então tinha se comportado como um idiota ao desejar apenas leite batido e sopa de carne. O que ele precisava mesmo era de sal. Naquela época, o sal era raro, por isso custava muito caro. Ele poderia ter sal em quantidade e vendê-lo a um bom preço na Inglaterra e na Holanda, onde o dinheiro valia muito. Assim, ficaria rico sem nenhum esforço. Silvestre sentiu-se o próprio gênio da esperteza...

– Eu quero muito sal. Moinho, moa!

E o moinho começou a cuspir sal tão violentamente, que parecia estar acontecendo uma tempestade de granizo. O rapaz mal teve tempo para comemorar sua alegria com a possibilidade de enriquecimento rápido, pois o barco, pesando muito, começou a afundar. Dando-se conta da catástrofe, ele começou a gritar:

– O fim é o começo de tudo! O fim é o começo de tudo!

Mas também dessa vez a fórmula não estava correta, e não demorou muito para que o barco afundasse completamente, levando junto o moinho e o pobre Silvestre.

De Silvestre, ninguém nunca mais teve notícias. Mas do moinho, o que se sabe é que continua até hoje jorrando sal.

E eis por que a água do mar é salgada e o sal, agora, tão barato.

A LENDA DA VITÓRIA-RÉGIA

Havia uma indiazinha chamada Naiá, que vivia na floresta Amazônica. Um dia, ao olhar para o céu, Naiá viu Jaci, a lua, e se apaixonou por ela. Correu, correu, tentando alcançar a lua, mas, claro, nunca conseguiria! Triste, resolveu voltar para sua oca. No caminho, ao olhar para o lago, viu a lua refletida nele. Radiante, Naiá se jogou no lago, imaginando que assim cairia nos braços de seu amor. Pobrezinha, começou a afundar, afundar... Tupã, vendo tudo do céu, teve pena da menina e a transformou na linda flor que é chamada de vitória-régia, a flor da água, que vive nos rios e lagoas da Amazônia e, em noite de lua, delicia-se com os reflexos de seu doce amor – Jaci, a lua.

O CARPINTEIRO E O FERREIRO

Ninguém queria fazer a cruz onde Jesus ia ser crucificado. Os judeus andaram de porta em porta dos operários e todos se negaram a fazer a cruz. O carpinteiro e o ferreiro, quando souberam que pagavam bem para quem fizesse a cruz, foram de oferecidos empreitar o serviço. O carpinteiro fez a cruz e o ferreiro fez os cravos e, por isso, foram amaldiçoados. E até hoje quem tem essas profissões nunca vai para diante.

Lendas religiosas

Sangue de Cristo tem poder!

As lendas religiosas explicam por que uma igreja ou um santuário foram erguidos em determinado lugar – porque um santo costumava aparecer por ali ou indicou aquele lugar através dos sonhos de alguém são algumas possibilidades de explicação. O que vale mesmo é que em sua origem está sempre um ato de fé.

Para os povos pré-cristãos, os deuses eram muitos e eram especializados nas mais diversas atividades. Estavam por toda parte e encarregavam-se de cuidar de tudo. Esses deuses foram sendo substituídos, aos poucos, pelos santos padroeiros, cujas lendas explicam por que protegem determinada atividade ou determinado lugar.

Vale comentar um dado curioso a respeito de grande parte das lendas religiosas que conhecemos ainda hoje. Para se estabelecer em algumas regiões da Europa, o cristianismo disputou com os deuses druidas a alma do povo celta. Seria necessário a essa religião substituir as crenças e os deuses pagãos desse povo por seus dogmas e seu Deus. Mas isso não era tarefa fácil. Simplesmente, não se apagam da memória de um povo suas antigas raízes religiosas, como se elas não tivessem importância.

Os druidas cultuavam as fontes porque as viam como lugares divinos, muito especiais e habitados por criaturas sobrenaturais, meio humanas, meio animais, fadas ou lindas jovens que dormiam no fundo de suas nascentes. Percebendo que não seria possível impedir tais crenças, a nova religião substituiu essas criaturas pela Virgem Maria ou por outras santas. Daí que há muitas lendas associando fontes ao aparecimento da Virgem.

São Jorge, em luta com o dragão, é outro caso dessas adaptações. O dragão é um animal que só existia nos contos maravilhosos. Enfrentá-lo numa luta era um desafio na trajetória dos heróis anônimos desses contos. Na realidade, a luta do herói com um monstro qualquer, no caso o dragão, é uma situação arquetípica. Numa linguagem metafórica, trata-se de uma prova no caminho do ser humano em busca de sua essência divina. Ele deverá enfrentar seus próprios lados obscuros, simbolizados pelos monstros. São Jorge substituiu o herói anônimo dos contos. Dessa forma, suprimiu deles sua dimensão iniciática e os transformou numa lenda que conta o seguinte: "Num lugarejo da Líbia, São Jorge descobriu que os habitantes estavam obrigados a sacrificar cada dia uma virgem para alimentar o dragão. Para libertá-los dessa carga insuportável, matou o dragão de uma lançada e resgatou a donzela encadeada a uma rocha à espera do dragão."

Se observarmos atentamente essa lenda, teremos a sensação de que "alguns atos do santo procedem das aventuras do grego Perseu e, por certo, o célebre episódio do dragão viria diretamente das façanhas do herói"[13]. A Igreja Católica não aceita essa versão da lenda de São Jorge, mas não se pode negar que no imaginário coletivo é impossível dissociá-lo do dragão. Ele agora mora na Lua e nas noites claras podemos vê-lo. Continua a lutar com o dragão. Quanto a nós, esperamos que desça da Lua e nos proteja de nossos próprios dragões, já que nos esquecemos de como é mesmo que se luta contra eles.

LONGUINHO, O SOLDADO CEGO

Soldado Longuinho era cego e ruim como uma cobra. Vai naquele dia em que Jesus estava morrendo na cruz, e cada um que passava dava uma pedrada nele. Mas ninguém tinha coragem de lhe

[13] MARTÍNEZ, 1996, p. 156.

dar uma chuchada no coração. Longuinho, o soldado cego, foi também e queria fazer alguma malvadeza e, como não enxergava, pediu para um judeu que estava ali perto:

– Me ajude, companheiro, a apontar a lança bem no meio do peito desse danado e deixe o resto por minha conta.

O judeu ajeitou a lança bem no coração de Jesus e Longuinho deu um cutucão. O sangue de Jesus espirrou por todas as bandas e um respingo foi cair bem nos olhos de Longuinho. Na mesma hora, Longuinho tornou a ver. Longuinho se arrependeu e acreditou em Jesus Cristo. Hoje, Longuinho é santo.

O PINTARROXO

Quando Jesus foi crucificado, puseram-lhe uma coroa de espinhos e os espinhos entraram na carne de Jesus causando-lhe muita dor e fazendo sair muito sangue. Nisso, passou um passarinho que sentiu muita pena de Jesus e começou a arrancar com o bico aqueles espinhos tão ruins. E, desse jeito, ele arrancou um por um os espinhos sem perceber que um esguicho de sangue de Jesus lhe molhou o peito.

Esse passarinho abençoado se chama pintarroxo e a marca que ele tem no peito é a lembrança do agradecimento de Jesus.

Lendas, lendas e lendas... Sagas e epopéias

Soundiata recupera os movimentos de sua perna.

Esse episódio é um dos mais célebres da gesta de Soundiata, pertence à infância do herói. Ele relata as circunstâncias em que o filho de Sogolon decidiu vingar a afronta que sua mãe sofreu, da parte de Fatoumata Bérété.
Essa última recusou à sua co-esposa as folhas de baobá que foram pedidas para preparar o "to", e Sogolon retirou-se de sua casa para chorar sobre seu

infortúnio. Incapaz de suportar por muito tempo a tristeza de sua mãe, Soundiata pediu ao ferreiro Farakouron para fabricar uma bengala, "a mais pesada e mais sólida" possível, e ele decidiu que andaria naquele dia mesmo...
Epopéia de Soundiata, origem africana.

A epopéia e a saga também podem ser consideradas lendas. Da linguagem oral passaram à escrita como grandes poemas – os poemas épicos. É o caso da *Ilíada* e da *Odisséia*, cantadas na Grécia pelos aedos. É o caso também de *A canção de Rolando*, cantada na França pelos trovadores. No continente africano, há a *Epopéia de Soundiata*, o herói mais popular, que nasceu paralítico das duas pernas e, milagrosamente, recuperou os movimentos aos 9 anos, tornando-se invencível nas artes da caça e da feitiçaria. Muito mais antiga que todas essas é a *Epopéia de Gilgamesh*, herói sumeriano que viveu no século XXVIII a.C. e foi o quinto rei de Uruk, da primeira dinastia pós-dilúvio. Os feitos heróicos de Gilgamesh, antes de serem gravados em tabletes de argila, foram recitados na corte em ocasiões solenes, mas não num contexto religioso, como era o caso dos mitos.

A epopéia e a saga situam-se entre a história e o mito. Contam a história de um indivíduo que, por suas qualidades especiais, muitas vezes recebidas diretamente dos deuses, transformou sua sociedade, guiou seu povo para terras férteis ou libertou-o de um tirano, fundou reinos, países e cidades.

A finalidade das grandes epopéias era não deixar que se apagassem da memória do povo os feitos de seu herói salvador. Concentrando toda a aquisição cultural da sociedade em que se insere, a epopéia funciona como um catalisador numa representação fabulosa cuja finalidade é reatualizar a comunhão e o sentimento de pertença dos indivíduos ao seu grupo pelo reforço de um ideal coletivo.

6. Contos acumulativos e histórias sem fim

A aranha prendeu no quarto o leão que comeu o leopardo que já tinha comido o cachorro, que já tinha comido o gato, que já tinha comido o rato.

O que caracteriza os contos acumulativos é a dinâmica de encadeamento das ações, que se articulam segundo a lógica de um mundo fechado numa organização cíclica e imutável. Eles constituem um bom exercício de lógica, de ritmo e de memorização para as crianças pequenas. Como as ações se sucedem numa seqüência lógica, para contá-las é necessário concentrar-se, criando imagens, caso contrário o contador pode ser surpreendido pelo temível "branco de memória".

Deus é mais forte

Ibotity tinha subido em uma árvore quando o vento soprou, a árvore se partiu, Ibotity caiu e quebrou a perna.

– A árvore é forte porque quebrou minha perna – disse.

– O vento é mais forte que eu – disse a árvore.

Mas o vento disse que a colina era mais forte, já que ela podia parar o vento. Ibotity, é claro, pensou que a força estava na colina, porque ela podia parar o vento, o vento que partiu a árvore, a árvore que quebrou sua perna.

– Não – disse a colina –, o rato é mais forte porque pode me esburacar.

– Eu posso ser morto pelo gato – contestou o rato.

E assim Ibotity pensou que o gato deveria ser o mais forte.

– De jeito nenhum – disse o gato, explicando que poderia ser apanhado por uma corda.

Ibotity achou que a corda deveria ser a coisa mais forte. A corda, porém, explicou que poderia ser cortada pelo ferro. Portanto, o ferro era mais forte. O ferro, por sua vez, negou ser mais forte, já que podia ser derretido pelo fogo.

Ibotity, então, pensou que o fogo deveria ser mais forte, porque ele derretia o ferro, o ferro que cortava a corda, a corda que prendia o gato, o gato que caçava o rato, o rato que esburacava a colina, a colina que parava o vento, o vento que partiu a árvore, a árvore que quebrou a perna de Ibotity.

O fogo disse que a água era mais forte. A água declarou que a canoa era muito mais forte, porque sulcava a água. Mas a canoa foi superada pela rocha, e a rocha pelo homem, e o homem pelo mago, e o mago pela prova do veneno, e a prova do veneno por Deus. Assim, Deus é mais forte que tudo.

Ibotity pensou então que Deus podia vencer a prova que imobilizava o mago, que dominava o homem, que quebrava a pedra, que derrotava a canoa, que fendia a água, que apagava o fogo, que fundia o ferro, que partia a corda, que prendia o gato, que matava o rato, que esburacava a colina, que parava o vento, que rachava a árvore que quebrou a perna de Ibotity.

As histórias sem fim são aquelas para fazer dormir contando carneirinhos, patos, pintinhos... Eles vão chegando aos milhares e a história não terá fim enquanto o último deles não passar o rio ou atravessar a ponte.

UMA HISTÓRIA SEM FIM

Um fazendeiro muito rico tinha um bando de patos em número que não se podia contar. Numa manhã, o menino encarregado de levar os patos para a lagoa encontrou o córrego cheio d'água das chuvas caídas na noite anterior. Como era preciso chegar à lagoa, o menino levou os patos para o córrego e obrigou-os a atravessar o riachinho.

– E então?

– Os patos começaram nadando, nadando, atravessando o córrego.

– *E então?*
– *Deixe os patos passarem o córrego...*
– *E depois?*
– *Deixe os patos atravessarem o córrego...*

7. Contos de assombração e contos de fazer medo

Cruz credo!

Uma rajada de vento gelado, uma coruja que canta na porta da cozinha, boa coisa isso não é. Tem espírito do outro mundo querendo atazanar. E as correntes, então, que se arrastam a noite toda pela casa... E aquela frase que diz assim: "Cai um braço, cai outro braço, cai uma perna" (silêncio profundo, ninguém respira), "cai outra perna".

Meu avô tinha predileção pelos contos de assombração, de almas penadas, de seres estranhos do outro mundo, de mortos que vinham gemer e cobrar dívidas e... nós também tínhamos.

Éramos crianças. Na fazenda, ainda sem luz elétrica, contavam-se histórias quando a noite abria a boca e começava a aspirar o dia, até que dele não sobrasse um naco de luz ao menos para que a gente pudesse ver onde estava a própria mão. Contava-se na cozinha, e o melhor lugar para se acomodar era o rabo do fogão a lenha. Quando um pedaço de madeira crepitava com o fogo, seguramente era uma alma interferindo na história para confirmá-la (dependendo do tipo de crepitação) ou para contradizê-la. Terminado o serão íamos para a cama, tremendo de medo. Os mais corajosos ousavam desafiar aquele personagem estranho e chamavam-no para lutar contra ele. Os medrosos tapavam os olhos e os ouvidos para nada ouvir e nada ver. Por fim, o sono nos vencia e, até que o galo nos acordasse, sabe-se lá na companhia de que fantasmas nosso espírito passeava pela noite escura da fazenda.

Só quem teve a sorte de viver experiência semelhante sabe o quanto é prazeroso sentir medo em grupo. Como nos sentíamos fortes e invencíveis quando nos uníamos contra as forças maléficas!

> Na América Latina, a tradição européia de bruxas, duendes e fantasmas mescla-se com a indígena e a africana, povoadas ambas de espíritos das águas, das selvas e das montanhas. Encontramos mulheres que voam em barcos pintados nos muros, como a Tatuana, na América Central, ou a Mulata de Córdoba, no México; pequenos duendes que enfeitiçam meninas bonitas, cantando-lhes lindas canções, como o Sombreirão, na Guatemala; espíritos defensores da natureza, que castigam brutalmente quem a danifica, como a Marimonda, na Colômbia, ou o Caipora, no Brasil; barcos amaldiçoados, a navegar sem jamais encontrarem porto, como o Caleuche, no Chile, ou o Barco Negro, na Nicarágua; e há também mulheres demoníacas seduzindo homens que andam longe de casa. São mulheres belíssimas, atraentes e estranhas. Quando os homens as abraçam, espantam-nos com seu rosto de caveira. É o caso da Saiona ou da Dientona, de muitos países do continente.
>
> O sinal da cruz, a água ou o canto dos galos fazem desaparecer esses espíritos da morte e da noite.[14]

Por um bom tempo, esses contos, tanto quanto os de fazer medo, foram vistos com maus olhos. Eles poderiam traumatizar as criancinhas! Bettelheim, citado por Loiseau[15], reabilitou os contos de fazer medo, banidos dos repertórios – aqueles povoados por ogres, feiticeiras, lobos e bruxas. Sobre os contos de fazer medo, diz Loiseau:

[14] URIBE, 2000, pp. 6-7.
[15] LOISEAU, 1992, pp. 118-9.

> À condição, evidente, de não se misturarem os mundos, de não se fazer acreditar que o Lobo que devora o Chapeuzinho Vermelho ou o que engole os cabritinhos possam irromper na vida cotidiana e tornar-se auxiliar da autoridade adulta, o conto de "fazer medo" é de uma grande higiene psicológica. Ele cumpre para a criança a mesma função catártica do filme fantástico para o adulto: nomeia, expõe os medos, coloca a distância, faz expurgar... [...] Não são as feiticeiras, nem os ogros, nem os lobos que fazem nascer o medo, mas os conflitos, as tensões vividas na vida cotidiana; a feiticeira, o lobo, o ogro dão forma a esse medo, e assim o exorcizam. [...] E Fraiberg diz: "Se nós banirmos todas as feiticeiras e todos os ogros das histórias que contamos na hora de dormir ou se distanciarmos da vida cotidiana todas as fontes imagináveis de perigo, a criança conseguirá ainda fabricar seus próprios monstros imaginários com os conflitos de sua jovem existência."[16]

A maior finalidade desses contos é, sem dúvida alguma, abrir-nos portas a mundos sombrios, sobrenaturais. E, em seguida, exorcizar-nos das criaturas estranhas que nos assombram e ameaçam. São uma riqueza, e as crianças sabem muito bem disso, pois adoram se assustar com eles.

A casa mal-assombrada

Isolada de outras habitações havia uma casa onde ninguém morava, porque se dizia que era mal-assombrada: à meia-noite ouviam-se ruídos de correntes, gritos, gemidos e suspiros, e uma luzinha brilhava, ora numa janela, ora noutra. O proprietário não achava alugador e ele mesmo não queria saber dela, que ia se arruinando pouco a pouco.

Um dia procuraram-no duas mulheres – mãe e filha – muito pobres, que acabavam de ser expulsas da casinha onde moravam. Pediam-lhe licença para ocupar a casa mal-assombrada.

[16] Loiseau, 1992, pp. 118-9.

O homem admirou-se daquele pedido e, depois de avisá-las dos perigos que corriam, consentiu sem dificuldade.

As duas mulheres no mesmo dia se mudaram.

Eram onze horas da noite quando foram se deitar, nada tendo visto nem ouvido de extraordinário. A mãe, como já era velha, e se sentia cansada das arrumações, dormiu logo. A filha, porém, ficou acordada, rolando na cama, sem conseguir adormecer.

Uma hora depois, ouviu o sino da matriz bater meia-noite. No mesmo instante, a moça ouviu um ruído estranho, enquanto uma voz gemia.

– Eu caio...! eu caio!...

Ela olhou para cima, de onde parecia vir a voz. Nada via, mas disse:

– Pois cai, com Deus e a Virgem Maria.

Do teto do quarto caíram duas pernas.

A mesma voz assim falou mais três vezes, e a rapariga, dando a mesma resposta, viu cair sucessivamente o tronco, os braços e a cabeça de um homem.

Os quatro pedaços reuniram-se e apareceu uma criatura humana, tão pálida como um cadáver, que lhe falou:

– Se não tens medo, vem comigo.

Adelaide acompanhou-o atravessando toda a casa, até chegarem ambos ao quintal.

Aí, debaixo do tamarindeiro, o morto mandou-a cavar a terra, encontrando uma lata com dinheiro, que transportaram para dentro.

Chegando ao quarto, disse-lhe o defunto:

– Eu sou uma Alma Penada, que ando sofrendo por causa deste dinheiro. Quando era vivo, roubei-o de uma pobre viúva, desgraçando-a, bem como aos órfãos, seus filhos. Deste dinheiro, metade é para sua mãe, e a outra metade é para distribuir aos pobres, e mandar rezar cem missas por minha alma.

Acabando de falar, a Alma Penada desapareceu.

Adelaide fez tudo o que ele havia mandado e ficou rica para o resto da vida.

8. Os contos do Demônio logrado

Com mulher, nem o Diabo pode

Sempre que os homens mudam de idéia, o Demônio muda de cara e até de nome. Sair de cena é que não sai. Mas quem é ele? O Tinhoso, o Coisa-Ruim, o Bode-Sujo, o Chifrudo, o Dom Futusco, o Maldito... de A a Z não lhe faltam apelidos. Isso pelo temor de que pelo simples fato de enunciar seu nome ele se sinta convidado a comparecer no ambiente. Hoje o conhecemos como o arquiinimigo de Deus e sua antítese, mas nem sempre foi assim. Na antiga Grécia, o *Daimónion* era um ser sobrenatural, cuja natureza estava entre mortal e divina, tinha uma alma passiva e uma inteligência racional. Nada havia de imoral com ele; ao contrário, seu nome significava "pleno de sabedoria" e ele inspirava e aconselhava os homens. O próprio Sócrates dizia receber dele a inspiração e a guia para suas ações (não se sabe se dizia isso ironicamente, mas dizia). As inspirações podiam levar à prática do bem ou do mal. Quando eram para o bem, o *Daimónion* respondia pelo nome de *Eudemônio*; quando eram para o mal, *Cacodemônio.*

Nas religiões judaica e cristã esse ser sobrenatural dos gregos ganhou a forma do anjo que se rebelou contra Deus, levando toda a humanidade à perdição. Nessa situação respondia pelo nome de *Lúcifer*, porque sua origem era a luz.

Na Caldéia e na Assíria esse mesmo ser estava relacionado ao deus do vento Norte. Os assírios o chamavam *Stanu* e os babilônios, *Satanu.* Ele era temido porque, sendo um vento, quando soprava trazia a febre e a asma. Acontece que, naquele tempo, os hebreus eram cativos na Babilônia, onde o conheceram como o Deus do inimigo. Depois de sua libertação, transformaram-no no grande adversário e chamaram-no *Satanás – Satã*, no apelido.

O *Dicionário Aurélio* define *Satã* como um anjo da tradição judaica mais primitiva que exercia a função de advogado dos homens perante Jeová; "[...] posteriormente, sob influência do problema do mal e das soluções tipo dualista, dadas a esse problema, passou a significar o mau, o acusador, o tentador, o demônio".

No Brasil, ele já chegou como o *Diabo*, chefe de muitos demônios, e veio nas caravelas de Cabral, assegura Mário Souto Maior, citado por Pimentel[17]. Logo na celebração da primeira missa no Brasil, o Diabo já se manifestava desviando a atenção dos membros da expedição portuguesa para a nudez acobreada das mulheres nativas. Souto Maior frisa ainda que, na época, o prestígio do Diabo era enorme, ele estava no apogeu de sua fama, respeitado e temido no mundo inteiro, personagem central de tudo quanto era lenda, história e crendice armazenada desde o começo do mundo. Portanto, a concepção que os brasileiros têm do Diabo vem dos portugueses da expedição de Cabral[18].

Quanto a sua presença nos contos populares, Cascudo nos diz o seguinte:

> Nos contos populares brasileiros, portugueses, espanhóis, africanos, árabes, rara ou impossível é uma vitória do Demônio. Aceitando desafios, topando aposta ou firmando contrato, o Diabo é um logrado inevitável... enganado pelas crianças e mulheres, pelos homens e velhos, constrói na Europa pontes e castelos, fossos e valos, abre rios e desvia correntes, erguendo mesmo igrejas, sem saber que as faz, como lhe aconteceu na Bahia.[19]

Ao pesquisar contos e causos do Diabo, na Paraíba, Pimentel revela um fato curioso e que difere do que nos fala Cascudo. Ele diz o seguinte:

[17] PIMENTEL, 1995, pp. 11-24.
[18] PIMENTEL, 1995, pp. 11-24 *passim*.
[19] CASCUDO, 1984, p. 319.

Depreende-se, pela presteza com que o Diabo atende à convocação voluntária ou involuntária, ou mesmo se apresenta solícito sem ser chamado, que há um estreito relacionamento entre ele e os seres humanos de acordo com a visão dos narradores populares. Tanto é assim, que das vinte e oito histórias, aqui incluídas, em quinze o Diabo estabelece pacto com o personagem que o convoca para este fim ou com quem ele próprio escolhe, com surpreendente naturalidade por parte dos pactários. E em apenas sete o Demônio é logrado.

[...] Com relação a este aspecto – o logro imposto ao Demônio –, em somente um conto o homem revela-se astucioso o suficiente para vencer o seu antagonista. Nos demais, é a astúcia feminina que prevalece.

[...] Essa posição de relevo concedida à mulher nessas narrativas contrapõe-se a toda uma tradição religiosa que a identifica com o pecado, apontando-a como instrumento da perdição do homem, concepção ligada ao Velho Testamento, ao mito de Adão e Eva e que corresponde ao sistema de dominação patriarcal que substituiu o matriarcado primitivo.

[...] Contrariamente a essa concepção distorcida a respeito da mulher, em nenhum dos contos aqui reunidos ela é instrumento de perdição do homem. E naqueles em que há o pacto com o Diabo e a mulher interfere, a sua posição é de redentora do homem, salvando-o, pela astúcia, da perdição infernal. Assim, ao contrário de Eva que induziu Adão à desobediência, ao "pecado", à "perdição", nessas narrativas a mulher é salvadora, pois ao tomar conhecimento da falta cometida pelo homem (desobediência a preceito religioso de não invocar o Diabo e muito menos de com ele negociar) ela com ele se solidariza e, pela astúcia, consegue liberá-lo de condenação eterna, ao derrotar o Diabo. [...] E, paradoxalmente, a mulher, para vencer o Diabo, utiliza, em alguns exemplos, o próprio corpo desnudado, apontado freqüentemente como pecaminoso, instrumento de perdição do homem.[20]

[20] PIMENTEL, 1995, pp. 22-4.

De tudo isso, o que podemos apreender é que a relação dos seres humanos com o Demônio sempre foi um tanto ambígua. No tarô ele representa o décimo quinto arcano:

> Aparece como Baphomet dos templários, com cabeça e patas de bode, com seios e braços de mulher. Como a esfinge grega, integra os quatro elementos: suas pernas negras correspondem à terra e aos espíritos das profundezas; as escamas verdes de seus flancos aludem à água, às ondinas, à dissolução; suas asas azuis aludem aos silfos, mas também aos morcegos, por sua forma membranosa; a cabeça vermelha relaciona-se com o fogo e as salamandras. O Diabo busca, como finalidade, a regressão ou a estagnação no fragmentado, inferior, diverso e descontínuo. Este arcano relaciona-se com o instinto, o desejo em todas as suas formas passionais, as artes mágicas, a desordem e a perversão.[21]

Se o tomarmos como um dos aspectos de nossa psiquê, o Demônio pode muito bem ser a rebeldia em aceitar-se como parte da unidade que religa todos os elementos do universo num todo coerente e harmônico. Pode ser essa rebeldia que, movida por desejos nunca satisfeitos e por instintos indomáveis, nos faz crer que é possível refazer o mundo segundo nossa própria vontade e independentemente de todo o resto. Os contos do Demônio são espelhos que nos refletem as possíveis formas para lidar com essas forças em nós, e eles nos mostram que, com o Tinhoso, a astúcia, e não a força, pode ser a melhor solução.

O HOMEM DOS PÉS DE QUENGA

O povo estava todo reunido no terreiro. Rapazes e moças conversavam alegres esperando o tocador para dar início ao baile. Há

[21] CIRLOT, 1984, p. 389.

muito que esperavam. Alguns já se haviam recolhido às casas certos de que o tocador não viria mais.

Alguém garantiu:

– Só queria que o Diabo aparecesse aqui para tirar um coco pra vocês verem como eu me esbagaçava.

Todos riram. O desejo de dançar era comum.

– É pena – replicou o outro – uma noite assim se perder!...

Ouviu-se o trotar de um cavalo:

– Um cavalo. Deve ser ele!

O recém-chegado aproximou-se. Apeou-se. Deu "boa-noite". Responderam. De dentro do saco que trazia atado à sela do cavalo tirou um ganzá.

Expectativa geral.

– O que é que há? Eu estou aqui pra servir. Façam a roda. Vamos, que a noite é curta.

Fizeram a roda. Ele deu o coco.

– A resposta é a seguinte: "É, sim senhor!"

– Está bem!

Ele balançou o ganzá e tirou o coco.

– O que vocês têm é meu?

A resposta em coro.

– É, sim senhor!

O coco ia animando. Os dançarinos suados davam gritos frenéticos envolvidos no calor da dança, respondendo em coro e estribilho. O tocador apressava cada vez mais o ritmo do ganzá. Os dançarinos apressavam os passos. Pareciam loucos na embriaguez da dança.

Um garoto, a quem não haviam deixado participar da roda, observava o tocador. De repente, olhando os pés do tocador, berrou:

– O homem tem os pés de quenga!

Todos olharam para os pés do desconhecido. Espanto geral. Constataram a denúncia do garoto. Benzeram-se. O Diabo sumiu.

Negócios com o Diabo

Esse homem era casado, pobre, não tinha nada. Fez um negócio com o Diabo mode ficar rico e com dez anos ir com ele para o inferno.

O homem enricou, gozou muito, teve muita riqueza. Comprou casas, propriedades, terras, gado. Vivia uma vida boa, descansada. Que quando foi nos próximos dias de o Diabo vir buscar ele, aí pegou o homem a ficar triste, de imaginar de perder tanta riqueza que ele tinha para ir para um lugar que nunca tinha ido.

A mulher, vendo o homem abatido, perguntou:

– Meu velho, me diga uma coisa: por que você, que era tão animado, está tão triste assim?

– Bem, minha velha, porque... Nada, eu lhe digo, porque nada você tem para fazer e nada você dá jeito.

– Mas pode até eu dar um jeito... Eu sabendo essa dor que você está sentindo... pode ser até que eu dê um jeito... Você sabe, mulher tem jeito para tudo.

– É. Eu sei. Mulher tem jeito para tudo. Mas essa você não dá jeito.

– E o que é? Diga.

E insistiu. Insistiu tanto que ele findou dizendo:

– Eu fiz um negócio com o Diabo mode ele me dar riqueza e com dez anos vir me buscar. Já completaram os dez anos, riqueza eu tenho muita, sinto de deixar você, quero muito bem a você, minha esposa e coisa e tal, e ir pra um setor que eu nunca fui e nunca andei nesse terreno!...

– Ora, tem nada não. Talvez que você vá e seja feliz e inda volte.

– Nada. Quem vai pra lá não volta mais.

– Está certo. Pois eu vou ver se dou um jeito. Qual é o dia dele vir?

– Amanhã.

– Pois bem. Amanhã cedo, quando o Diabo chegar, você chama ele pra conhecer a propriedade, o gado, os moradores, o açude, e deixe pra vir pra casa na hora do almoço. E o que você vir, você não se importe.

No outro dia, perto do meio-dia, chegou o cara.

– Ô de casa?

– Ô de fora!

– Bom dia, meu amigo.

– Bom dia.

– Chegou a vez de você se achar no seu lugar. Vamos embora?

– Vamos. Mas tem uma coisa. Vamos deixar pra depois do almoço?

– Então tá certo.

– Vou primeiro mostrar minha propriedade, meus açudes, meu gado, meus moradores, que eu tenho muitos, tenho muito dinheiro, muita riqueza e coisa e tal. Vou mostrar a prosperação da riqueza que você me deu.

– Está certo. Vá me mostrar.

O homem saiu com o Diabo mostrando uma coisa, mostrando outra... A mulher, então, tirou a roupa, ficando completamente nua. Tinha o cabelo tão comprido que ia abaixo da cintura. Virou o cabelo todo para a frente. Daí a pouco, lá vem o marido com o Diabo. Quando ela viu que eles vinham, começou a andar de costas, nua, com o cabelo virado para a frente, na direção deles. O Diabo conversava com o homem e não tirava o olho da mulher, que vinha se aproximando de quatro pés, sempre de costas. E o Diabo sem saber que bicho era aquele. E não tirava o olho. Não tirava o olho. Conversava com o homem mas não tirava o olho. Lá vem. Lá vem. Ela foi chegando. Que quando chegou bem na porteira do curral, ela ficou: de quatro pés, com os quartos para o lado dele. O Diabo olhou para o homem assim, olhou para um canto, olhou para o outro e disse:

– Oxente! Mas me diga uma coisa, meu amigo. Aqui na sua propriedade até esse bicho você tem?

– Que bicho?

– Esse bicho aí. Lá no meu lugar tem bicho que as bocas são assim... – (faz um gesto horizontal) – e esse bicho a boca é assim – (faz um gesto vertical).

Que quando ele disse assim, fez a cruz: estourou!

Deu aquele estouro e saiu que saiu danado!

9. OS CONTOS DA MORTE

Que Deus nos dê uma "boa hora"

Filha da noite e irmã do sonho, "a grande dama" pode render-se a uma negociação e adiar um pouco mais a estada de alguém por aqui, mas isso só por um tempo. A palavra final sempre será dela. Foi assim com meu avô. Ele tinha uma casa na cidade, embora morasse na fazenda. A morte começou a fazer sua colheita entre os de sua geração. Morreu um velho amigo da fazenda ao lado. Meu avô tratou de transferir-se para a cidade. Pouco tempo havia se passado, morreu outro de seus amigos, agora na cidade. Imediatamente, ele voltou para a fazenda. Deixou as malas prontas para o caso de uma eventualidade. Um dia, confessou a razão do "trança-trança": estava desconfiado de que a morte andava rondando, melhor seria não ficar muito à vista. Algum tempo depois, adoeceu gravemente e entrou em coma. Nenhuma esperança, questão de dias, todos os médicos afirmavam. Inexplicavelmente, saiu do coma animadíssimo e pronto a voltar para casa. Contou então que estivera cara a cara com a "Inevitável": "Ela estava de um lado da cerca e eu de outro. Ela me olhava, eu olhava pra ela. Reparei logo que não estava de cara boa. Então, disse a ela que não era homem de ser mal recebido na casa de ninguém e não seria na dela que isso haveria de acontecer. Pedi um prazo para me preparar melhor, ela me concedeu."

Meu avô passou a viver uma vida contemplativa. Meditava, fazia suas orações. Para alegria de minha avó, não lhe sobrava mais tempo para ser ranzinza. Preparava-se como um noivo dedicado para o encontro com a grande dama. Alguns anos depois, morreu sereno, risonho. Certamente teria ouvido: "Seja bem-vindo, meu velho", e não resistiu mais, entregou-se a ela.

A morte pode até tardar, mas faltar, nunca. Como o demônio, ela também mudou de cara ao longo dos tempos.

Ser recebida como uma visitante querida e esperada, na verdade, nunca foi. Mas era tratada com maior respeito e maior solenidade, até mesmo com reverência. Pelos segredos que guarda, sempre suscitou certo fascínio nos homens. E também certo horror, pelo vazio que deixa no seu rastro. Mas "morrer outrora era um processo público e altamente exemplar (pense-se nas imagens da Idade Média, [na Europa] nas quais o leito de morte se metamorfoseava num trono, de encontro ao qual, através das portas escancaradas da casa mortuária, o povo ia-se apinhando)"[22]. No Brasil, até bem pouco tempo, ao menos nas regiões do interior, os mortos eram velados em suas casas, o que aliás era momento de encontro de várias gerações, e não se pode dizer que era um ritual apenas triste. Tinha seus momentos de descontração quando pequenos grupos se juntavam no quintal da casa para contar umas piadinhas leves, próprias para a ocasião, ou passagens da vida do defunto. No interior de Minas, os velórios nas casas eram muito concorridos e regados a cafezinho, cachacinha, biscoitos fritos e pão de queijo. Uma anedota conta como era importante o preparo de um velório:

Pão de queijo para o velório

O velhinho já estava mais para lá. Os parentes a postos. Desenganado, já não reconhecia ninguém, certamente não passaria daquela tarde. De repente, o velhinho começou a dar mostras de que voltava à vida. Ao lado de sua cama, estava o netinho que rendia seu turno. De repente, um cheiro de pão de queijo saindo do forno chegou até o quarto do moribundo e ele, que não comia havia dias, teve seu apetite estimulado. Reunindo as poucas forças, pediu ao netinho:

[22] Benjamin, 1983, p. 64.

– Busque para o vovô uns pães de queijo.
O netinho foi correndo:
– Vovó, o vovô melhorou e pediu pão de queijo.
Ao que a avó respondeu:
– Nada de comer pão de queijo agora, eles são para o velório.

A morte é a única certeza em nossa existência, e conviver naturalmente com ela é aceitar a realidade da vida. Os antigos não brigavam com essa evidência, assim podiam aprender mais facilmente o que a morte tem a ensinar: a transitoriedade de tudo, a pouca importância das coisas que, às vezes, nos fazem sofrer demasiadamente... Uma outra anedota de Nasrudin:

A SABEDORIA DOS CEMITÉRIOS

Um homem foi procurar Nasrudin e pediu-lhe um conselho profundo.

– Vá ao cemitério – disse-lhe Nasrudin – e injurie os mortos.

O homem foi, atirou pedras nas sepulturas, disse toda sorte de impropérios e em seguida voltou a Nasrudin.

– Os mortos te disseram alguma coisa? – perguntou Nasrudin.

– Não, nada.

– Volte ao cemitério e diga-lhes elogios e louve seus atos na terra.

O homem voltou, cumprimentou os mortos, ofereceu-lhes flores, disse-lhes palavras de elogio, ressaltou a inteligência e os feitos maravilhosos de todos eles. Depois voltou a Nasrudin, que lhe perguntou:

– Eles te disseram alguma coisa?

– Não, nada.

– Pois muito bem, está aí um bom conselho. Passe pelo desprezo e pelo elogio como se fosse um morto.

A partir do século XIX, a morte passou a ser escondida no interior dos hospitais. Assim, dissimularia seu cheiro e protegeria os vivos da visão de sua lividez de cera. Tratada, assim, como uma adversária inoportuna, a morte deixou de ser a grande mestra para ser a grande pedra no sapato dos cientistas que não conseguem derrotá-la. Inventam novos remédios, esticam a vida o quanto podem, agora clonam qualquer coisa que respire, mas ela continua vencendo sempre. Com isso, ganhamos muitas coisas, mas também perdemos muitas outras.

> O homem moderno não ousa pensar que a cada dia, a cada instante, ele pode morrer, entregar sua alma, *a fortiori* estar pronto a prestar suas contas. [...] O homem que não esculpiu a face de sua vida, treme de medo diante da morte porque ela lhe aparece sem face. Ele não pôde criar a face de sua vida, da mesma forma não pode criar a face inversa de sua morte. [...] Eu tenho o direito de dizer de meus contemporâneos que eles estão cheios de seu próprio vazio, apodrecidos de amor-próprio. Cada um se acredita uma entidade central, autônoma, capaz de atrair todos os bens para si mesmo. Porque nesses tempos de horror o homem desfez os laços que o ligavam ao mundo, que lhe davam a prova de sua própria inexistência lhe provando que ele pertencia ao todo do mundo, agora que ele perdeu tudo, solitário como um louco, ele gostaria que o mundo lhe pertencesse. [...] Esse ser que perdeu o sentido da vida, vazio de tudo, inapto a ser possuído, gostaria de possuir o mundo [...] A pobreza, como a morte, é o despojo em nós de tudo o que não seja o fogo do amor.[23]

Os contos da morte são um manancial de sabedoria prática. Ensinando a lidar com a morte, o que realmente eles fazem é nos ensinar a viver melhor, e essa é sua finalidade.

[23] Rilke, 1982, pp. 9-10.

A madrinha Morte

Existiu, no México, um camponês muito pobre chamado Antônio. Por causa de tanta pobreza, Antônio ficara fraco. Se alguém lhe desse um trabalho, teria de alimentá-lo uma semana antes, para que ele pudesse ficar de pé e ter forças para o trabalho.

Mas naquele ano, no Dia dos Mortos, algo aconteceu na vida de Antônio e de sua família. Nasceu mais um filho. Eles já tinham doze e, naquele dia, nascera o décimo terceiro.

O Dia dos Mortos é um dia muito importante, celebrado no México, e Antônio pensou: "Um filho nascido no Dia dos Mortos... Ah! Isso nos dará sorte."

Antônio, então, disse:

– Vou sair e procurar uma madrinha para o menino.

E Antônio saiu com essa intenção. Enquanto caminhava, pensava com seus botões: "Esse menino terá todas as qualidades que desejamos, principalmente se a madrinha lhe oferecer coisas importantes como justiça, misericórdia e poder."

E Antônio ia assim, pela estrada, caminhando e sonhando com a sorte grande, quando, de repente, cruzou com uma carruagem puxada por cavalos maravilhosos. Na carruagem estava uma senhora muito bem-vestida, cheia de jóias. Ela era dona de um respeitável latifúndio. A rica senhora, vendo Antônio no seu caminho, parou a carruagem e disse:

– Por que você caminha sozinho? Por que não está com sua família, neste dia tão importante?

– Porque procuro uma madrinha para meu filho que acaba de nascer e que ganhou o nome de Júlio.

– Ah, mas eu poderia ser a madrinha. Posso dar a Júlio muitas riquezas, poder e brinquedos de ouro.

Antônio, ouvindo aquilo, pensou: "Se a criança fosse comum, eu poderia aceitar a oferta. Mas, para essa criança, riqueza e poder não são suficientes." E então disse:

– Não, obrigado. Esse filho merece mais do que a senhora pode lhe dar.

E continuou seu caminho. Bem mais à frente, depois de muito ter caminhado, Antônio encontrou uma mulher enrolada em farrapos, com um sorriso jovial no rosto. Uma mulher tão estranha, que até mesmo as flores lhe notavam a presença. Antônio não teve dúvidas: tratava-se de uma santa que, por alguma razão, viajava pela terra naquele dia. E a santa fez-lhe a mesma pergunta:

– Por que você está sozinho hoje, um dia tão importante?

– Nasceu meu filho Júlio e procuro-lhe uma madrinha.

– Gostaria de ser a madrinha. Eu poderia dar a Júlio justiça e misericórdia.

Antônio sentiu-se muito honrado. Afinal, não era todo dia que se encontrava uma santa andarilha naquelas terras. Ainda mais uma santa se oferecendo para ser madrinha do filho. Mas Antônio pensou bem e disse:

– É verdade que você poderia dar a Júlio justiça e misericórdia como ninguém, mas existe um problema: você é pobre. No seu mundo pode ser que isso sirva para alguma coisa, mas, neste mundo daqui, ah não! Não há poder na pobreza. Pobreza aqui é castigo. Não! Essa criança precisa de algo mais... Eu lhe agradeço.

Antônio seguiu em frente e, chegando a um lugar empoeirado, um pouco desolado, viu uma mulher alta, magra, toda enrolada em panos. Até mesmo seu rosto estava coberto. Ela se movia com tamanha agilidade e seus gestos eram tão precisos, que não havia obstáculo que a impedisse de ir onde quisesse. Ela olhou Antônio e disse-lhe:

– Ah! Eu sei que nasceu seu filho, Antônio. E sei que você procura uma madrinha para ele. As pessoas, não sei por quê, não me convidam para madrinha, mas eu gostaria de ser a madrinha de Júlio. Eu poderia lhe dar justiça, misericórdia e poder.

– Mas quem é você? – perguntou Antônio, um pouco assustado com aquela mulher que ele não reconhecia, mas que sabia tudo de sua vida.

– Você não me reconhece, Antônio? Eu já o visitei quatro vezes. Eu sou a Morte.

– A Morte? Ah, sim, é verdade! Você é misericordiosa: quando não há mais solução para a dor, você está lá para lhe pôr um fim.

Você é justa: trata ricos e pobres da mesma maneira. E não há poder que se compare ao seu neste mundo... Ah, sim! Você será a madrinha do meu filho.

E Antônio voltou para casa satisfeito.

Seu filho Júlio cresceu bem, forte e rapidamente. Quando se tornou um homem, sua madrinha apareceu e convidou-o para ir com ela até os campos. Ela lhe mostrou todas as ervas curativas que existiam, muitas delas desconhecidas para nós. Ensinou-lhe tudo sobre o poder de todas elas, e Júlio aprendeu mais sobre a cura e o poder das ervas que qualquer médico bem formado de seu país. Ao final de sua educação, a madrinha lhe disse:

– Agora eu tenho um presente a mais para você, Júlio.

Mostrou-lhe, então, uma flor amarela, pálida e frágil; uma flor que as pessoas freqüentemente desprezam e raramente encontram quando procuram. E a madrinha Morte disse-lhe:

– Esta é a erva da vida. Se você fizer um remédio dela, poderá fazer reviver um moribundo. Mas atenção para duas coisas, Júlio: quando, diante de um moribundo, você e ele me virem aos pés da cama, você poderá lhe dar a erva da vida. Nesse caso, o paciente é seu. Mas quando eu estiver na cabeceira da cama, em nenhuma situação você deverá lhe dar a erva da vida, pois, nesse caso, a vida é mais penosa e, por isso, esse paciente é meu.

Então, Júlio guardou todo esse conhecimento, despediu-se de sua madrinha e saiu para o mundo. Conheceu palácios e cabanas e tornou-se conhecido como "Júlio de los Remédios". Curou muitos, mas a muitos outros dizia:

– É mais misericordioso não lhe dar a erva da vida. A morte chegou para você e não há o que fazer.

Mas, certo dia – porque, na vida de todos nós, sempre há um certo dia –, espalhou-se a notícia de que o rei estava gravemente doente e quem conseguisse curá-lo ganharia a metade do reino.

Todos os médicos já haviam fracassado. Mas o que são os médicos formados nas grandes universidades comparados a Júlio de los Remédios, afilhado da Morte?

Júlio, ao saber disso, pensou: "Agora compreendo tudo: por que nasci nessa família tão pobre, por que nasci no Dia dos Mortos... Eu realmente sou a sorte grande de minha família. Vou curar o rei e terei a metade do reino. Minha família e as próximas gerações de minha família nunca mais viverão na pobreza."

Com muita confiança, ele se dirigiu ao palácio e foi logo introduzido nos aposentos do rei. Trazia consigo a flor amarela e pálida, a erva da vida.

Mas, quando olhou para a cama em que estava o rei, lá estava, à cabeceira, sua madrinha Morte. E Júlio pensou: "Se eu perder esta oportunidade de curar o rei e tornar-me rico, nunca mais terei outra. Só há uma forma de resolver o problema: por esta única vez, enganar a madrinha." Então gritou:

– Ar! Ar! O rei precisa de ar!

Rapidamente, mandou que virassem a cama do rei ao contrário. A Morte estava agora aos pés da cama. Júlio deu ao rei a erva da vida. O rei imediatamente levantou-se da cama. E todos olharam surpresos para o rei, exceto Júlio, que olhou ressabiado para sua madrinha, que tinha o rosto sério. Ela lhe estendeu seu longo braço e disse:

– Se você fizer isso de novo, eu terei de vir para você.

E Júlio, que era conhecido como "Júlio de los Remédios" nas cabanas dos pobres, passou a ser conhecido como "Júlio de la Nobreza". Passava seus dias na corte, entre príncipes e princesas, até que, como é comum nas histórias, a princesa mais jovem, que era de todas a mais linda, apaixonou-se por ele. E já não era fora de hora, pois Júlio também estava apaixonado por ela. Com muita alegria, resolveram se casar.

Mas, uma semana antes do casamento, a princesa caiu doente. Júlio sentiu seu mundo desabar. Lembrou-se, então, de que ainda era "Júlio de los Remédios". Pegando a erva da vida, levou-a até próximo dos lábios de sua bem-amada. Mas, quando levantou os olhos, lá estava sua madrinha, na cabeceira da cama.

Júlio, que havia se acostumado a ser o "Júlio de la Nobreza", com tudo o que isso significa, pensou: "Minha madrinha não vai me intimidar. Não entregarei a ela minha bem-amada." Pela segunda vez, Júlio virou a cama e, novamente, a madrinha se viu aos pés da cama.

Dessa vez, ela não lhe estendeu a mão. Simplesmente saiu do quarto, sem olhar para trás.

Na semana seguinte, Júlio e a princesa se casaram em meio a uma grande festa. Depois que os convidados se despediram, Júlio e sua amada foram para o quarto e passaram a noite nos braços um do outro. Quando Júlio por fim adormeceu, ouviu alguém bater à porta. Ao abri-la, lá estava sua madrinha. Ela fez um sinal indicando-lhe que a seguisse. Ele a seguiu e juntos percorreram estradas, atravessaram riachos nunca vistos e, finalmente, chegaram a uma imensa caverna. Avançando por trilhas tortuosas, caminharam entre rochas do passado, que brilhavam com luz própria, até chegarem a um imenso salão iluminado por milhares de velas, umas se apagando, outras queimadas até o meio e outras novas, começando a se acender. As chamas movimentavam-se numa dança alegre.

E Júlio perguntou:

– Mas que lugar é este? O que é isto?

– Estas são as chamas da vida das pessoas.

Júlio então olhou para baixo e bem próximo a seus pés viu uma chama minúscula, com a cera toda derretida e um pavio que já lutava para se manter aceso.

– De quem é esta? – perguntou Júlio.

– Esta é a chama de sua vida.

– Oh, madrinha! Por favor, dê-me mais tempo.

– Eu sou a fiandeira da vida, mas não sou a senhora do tempo, Júlio.

– Mas então mostre-me sua misericórdia!

A Morte, então, apontou para uma grande vela sólida, redonda, com o pavio começando a se acender.

– Mas de quem é esta? – perguntou Júlio.

– Esta é a vela do seu filho, que se prepara para nascer.

– Por favor, madrinha...

Mas a Morte o interrompeu:

– Júlio, eu lhe dei poder, mostrei-lhe minha misericórdia. Mas agora devo lhe mostrar justiça.

E a mulher alta e magra curvou-se sem dificuldades, apesar da idade avançada, e suavemente soprou a vela de "Júlio de los Remédios".

E, naquele momento, a vela de seu filho crepitou, em sinal de que Júlio continuaria vivo na memória de todos aqueles que um dia o conheceram.

10. Facécias, contos humorísticos, anedotas e piadas

Por quatro coisas conhece-se um homem:
pela sua taça de vinho, pela sua ira, pelo seu bolso e pelo seu riso.
Provérbio judaico

Com exceção da anedota, que pode também ser considerada uma narrativa curta de um fato real e individual não necessariamente engraçado, os demais gêneros relacionados no título têm em comum o riso como finalidade última. O protagonista em geral é um desadaptado – um bêbado, um louco, um simplório, um avarento ou um sábio que se faz passar por idiota.

Provocando o riso, eles cumprem uma função catártica importante, pois é uma forma de exteriorizar sentimentos de revolta, medo e opressão. Pode-se rir de tudo: dos valores religiosos, morais, sociais, dos fortes tanto quanto dos fracos. Pode-se denunciar e pode-se ir à revanche.

Sua característica é a imprevisibilidade do desfecho, com atitudes inesperadas dos personagens. Constituindo uma sátira anônima, esses gêneros revelam o espírito coletivo. O que eles têm de muito valioso é que nos encorajam a tomar distância da realidade para rirmos dela, e assim aprendermos a rir de nós mesmos. Nada é mais saudável que aprender a rir das próprias limitações. Isso ajuda a ressignificá-las e nos coloca diante dos imprevistos possíveis que podem mudar tudo de repente. Ornstein, que estuda os hemisférios cerebrais, fala da importância de lidar com o imprevisível das piadas – e aqui acrescentamos: também das facécias, dos contos humorísticos e das anedotas –, para o bom equilíbrio dos hemisférios cerebrais.

> Entender o significado, seja de uma piada ou de uma história, é sinônimo de ter uma perspectiva geral sobre o que está acontecendo. Achamos uma piada engraçada quando ela reúne duas ou mais associações inesperadas. Essas associações, entretanto, dependem de nossa visão geral e da noção do que está acontecendo. [...] Na maior parte do tempo, não pensamos nas piadas; rimos ou não, e as grandes multidões que os comediantes atraem indicam que existe um certo consenso quanto ao que confere graça a uma piada. No entanto, pesquisas mostram que a compreensão de uma piada exige um complexo processamento mental do qual normalmente não temos consciência. [...] Para que uma piada seja considerada engraçada, é preciso que se estabeleça uma conexão em nossa estrutura conceitual oculta. A primeira etapa do processamento de uma piada normalmente é uma breve surpresa causada por uma incongruência que perturba nossas expectativas. A segunda etapa consiste na resolução dessa incongruência através da reinterpretação de toda a informação em um novo contexto. A graça da piada depende da capacidade individual de resolver a incongruência e a sutileza da piada quanto maior for o nível de complexidade do problema a ser resolvido [...] essa complexidade que vem da rede de possíveis significados das palavras é domínio do lado direito do cérebro humano. Uma longa linha de pesquisas mostra que o hemisfério direito seleciona as palavras de forma bastante diferente do hemisfério esquerdo. O hemisfério direito tem a capacidade de armazenar muitos significados diferentes de uma palavra; o hemisfério esquerdo, por outro lado, seleciona rapidamente um único significado. As pessoas com lesões no hemisfério direito, portanto, têm difi-

culdades de entender piadas porque não armazenam os diferentes significados de uma palavra ou expressão para estabelecer comparações.[24]

Ao contrário do que muitos pensam, os contos para rir são muito importantes também para as crianças pequenas, de apenas 3 ou 4 anos. É nessa idade que se começa a educá-las para o humor. Loiseau[25], a esse propósito, sugere que se contem os contos nos quais as características predominantes de alguns animais façam rir as crianças dessa idade: a lentidão da tartaruga, a vaidade do galo etc.

Mas falar de riso sem falar das anedotas do grande Mulla Nasrudin seria deixar incompleto esse tema. Todos os povos têm seu personagem correspondente a Nasrudin; seus nomes: D'ja, J'ha, Deha, Moha, Djeu'ra, Nass Edin, Hodja, Mollah Nas Edin, Goha, Anastratin, Youga, Ulenspiegel, Mosfiki, Bouaden, Efendi, Srulek, Karacouch. Na América Latina, encontramos muitas anedotas de Pedro Malasarte que estão no repertório de Nasrudin. Até o caipira mineiro pode encarná-lo algumas vezes.

No Oriente existem muitas lendas sobre Nasrudin. Os sufis[26] afirmam que Nasrudin é uma criação dos mestres, que usaram esse personagem para transmitir a seus discípulos um tipo de conhecimento que de nenhuma outra forma poderia ser transmitido. Dizem também que, no contexto do ensinamento sufi, é possível compreender suas anedotas em sete diferentes níveis de percepção. Fora desse contexto, e no primeiro nível de percepção, elas poderão fazer rir; mas, para uma mente mais atenta, seu conteúdo vai muito além do riso – elas ensinam sobre o funciona-

[24] ORNSTEIN, 1998, pp. 103-4.

[25] LOISEAU, 1992, p. 104.

[26] O sufismo é uma escola de desenvolvimento espiritual; os sufis são os iniciados nessa escola.

mento da mente humana. Sua finalidade é ensinar de forma divertida, bem-humorada e facilmente assimilável.

O CASAL SILENCIOSO

Era uma vez um homem e uma mulher que tinham acabado de se casar. Ainda vestidos com seus trajes nupciais, se acomodaram em seu novo lar mal o último convidado partiu.

– Querido – disse a jovem senhora –, vá fechar a porta que dá para a rua. Ficou aberta.

– Fechar a porta? Eu? – falou o noivo. – Um noivo em trajes esplêndidos com um manto de valor inestimável e uma adaga cravejada de pedras? Como alguém poderia esperar que eu fizesse uma coisa dessas? Você deve estar fora do juízo. Vá você mesma fechá-la.

– Ah, é? – gritou a noiva. – Você pensa que sou sua escrava? Uma mulher bonita e gentil como eu, que usa um vestido da mais fina seda? Você acha que eu me levantaria no dia do meu casamento para fechar a porta que dá para uma via pública? Impossível!

Ficaram os dois em silêncio por um minuto ou dois, a mulher sugeriu que poderiam solucionar o problema com uma aposta. Combinaram que o primeiro que falasse fecharia a porta.

Havia dois sofás na sala e a dupla se sentou, frente a frente, olhando-se em silêncio.

Ficaram assim durante duas ou três horas. Enquanto isso, um bando de ladrões passou por ali e viu que a porta estava aberta. Esgueiraram-se para dentro da casa silenciosa, que parecia deserta, e começaram a recolher todos os objetos que pudessem carregar, fosse qual fosse seu valor.

O casal de noivos os ouviu entrar, mas um achava que era o outro que devia cuidar do assunto. Nenhum dos dois falou, nem se mexeu, enquanto os ladrões iam de um lado para o outro, até que finalmente chegaram à sala e não perceberam, de início, a sombria e estática dupla.

O casal, no entanto, continuava sentado, enquanto os ladrões carregavam todos os valores e enrolavam os tapetes sob os pés dos esposos. Confundindo o idiota e sua obstinada mulher com manequins de cera, despojaram-nos de suas jóias. Mesmo assim a dupla continuava muda.

Os ladrões se foram. A noiva e o noivo continuaram sentados toda a noite, e nenhum deles desistiu. Ao amanhecer, um policial em sua ronda viu a porta aberta e entrou. Indo de um aposento ao outro, chegou finalmente ao casal e perguntou o que tinha acontecido. Nem o homem nem a mulher se dignaram a responder.

O policial pediu reforços. Muitos defensores da lei chegaram e todos foram ficando cada vez mais furiosos diante do silêncio total, que lhes parecia, obviamente, uma afronta calculada.

O policial encarregado perdeu facilmente o controle e ordenou a um de seus homens:

– Dê um tabefe ou dois nesse homem para que recupere a razão.

Diante disso, a mulher não conseguiu conter-se:

– Por favor, senhores guardas – choramingou –, não batam nele. É meu marido!

– Ganhei! – gritou imediatamente o imbecil. – Você vai fechar a porta!

11. Os causos

O mais importante e bonito no mundo é isto:
que as pessoas não estão sempre iguais,
ainda não foram terminadas – mas que elas vão
sempre mudando.
Afinam ou desafinam.
Guimarães Rosa

Os causos são como a cantoria de um povo, que afina e desafina. Eles mostram as grandezas, as sabedorias, as bizarrices, as ingenuidades, as graças e as desgraças, enfim, tudo isso que de metafísico nada tem, é o dia-a-dia acontecendo e as pessoas acontecendo nele. Falando, pensando, fazendo. Eles são isso: a pura vida que, entra ano, sai ano, vai dando assunto para quem queira conversar. Os causos são como utilidades que se guardam numa gaveta para o caso de uma precisão. Eles refletem o que há de mais terreno da experiência do povo de uma comunidade. Relevante nos causos é esse poder que eles têm de nos fazer sentir cúmplices, partícipes da vida de um grupo. Frutos de uma mesma árvore, como numa família. Eles ajudam na construção de nossa identidade regional. E mesmo se quisermos em algum momento de nossa vida jogar tudo para o alto, será nos apoiando nessa identidade coletiva que poderemos tomar impulso para voar em busca de outras referências.

Há autores que não consideram o causo como um tipo de conto popular. Numa análise rigorosa, eles têm razão.

> A distinção entre o conto popular e o causo está em que neste o narrador participa da narrativa como personagem ou testemunha preocupado em dar-lhe cunho de verdade, por mais fantástica e inacreditável que pareça. No conto tudo é ficção. Os personagens quase sempre não possuem nomes próprios – são o rapaz, a mãe, o pai, o irmão [...] os causos preocupam-se com a realidade objetiva, factual, imediata.[27]

Se fizemos questão de incluir os causos neste trabalho, é porque não se pode desprezar o lugar de prestígio que ocupam nas práticas orais. Eles têm uma função importante na comunidade: manter vivas as histórias das pessoas, dos costumes, das expressões, dos valores e das particularidades do lugar. São como elos que dão coesão e identidade a um grupo. No Nordeste do Brasil, são muito difundidos e, em Minas Gerais, há que se fazer justiça ao escritor Olavo Romano,

[27] PIMENTEL, 1995, p. 21.

que há muitos anos vem se dedicando à compilação dos causos da cultura mineira. Viajando até os confins do estado – de carro, de barco ou em lombo de burro –, tem sido incansável em sua determinação de não deixar desaparecer essa riqueza cultural que tão poeticamente ele sabe guardar nos livros que escreve. É assim que as próximas gerações saberão que têm uma história e que essa história explica muito sobre o tipo de ser humano que são.

A morte anunciada

Quando morreu o tio Ambrósio, lembro como se fosse hoje, meu avô, na volta do cemitério, deu um suspiro tão fundo, que as irmãs pararam de soluçar e os irmãos homens lançaram sobre ele os olhos vermelhos. Aí meu avô falou, muito sério: "É, gente, o cacho de bananas começou a despencar..." Nos dias seguintes, a frase foi repetida vezes sem conta de um jeito aparentemente casual, mas que, na verdade, mal-e-mal disfarçava a ameaça sentida por todos.

Até então só tinha morrido o tio Tavico. Mas ele quase não passava de uma criança, uma fruta que nem chegou a vingar, caiu ainda de vez. Não podia contar como banana despencada do cacho. Também já fazia tanto tempo, dele tinha ficado pouco mais que um retrato na parede em frente à Santa Ceia. O bigode, na fotografia, era ralo, o cabelo muito liso e partido no meio, o ar sério e triste, quem sabe já não era o pressentimento da morte?

Talvez porque tenha passado muito tempo depois do tio Tavico, a morte do tio Ambrósio mexeu tanto com o pessoal. Por causa de qualquer dê-cá-essa-palha, lá vinha um deles com aquela frase, de novo a história do cacho, cada um achando que era a próxima banana a despencar. E o pior é que começaram mesmo a adoecer, macacoa comum da idade. Mas foi dando aquela cisma, o medo apertando, ameaçava todo mundo como uma peste.

Além da idade, eram todos muito unidos, os casamentos feitos entre primos, uns mais longe, outros mais perto. Por isso, quando chegou a vez da tia Esméria, seis meses depois do tio Ambrósio, foi como se o cacho falado pelo meu avô fosse despencar todo de uma vez só.

Antes da missa de ano da tia Esméria, embarcou tio Tertuliano, casado com tia Bárbara, que vinha a ser irmã do meu avô. E aí foi indo, repicado, de seis em seis meses lá ia um.

Mas, onde eu quero chegar, mesmo, é no tio Joviano e na tia Neguita. Viviam os dois, mais uma empregada antiga, na casa da cidade. Criada a família, iam comendo o dinheiro da fazendinha vendida, moíam o tempo apreciando o movimento da rua, falando de novidades miúdas, esperando o dia de amanhã com o sossego dos que têm o coração puro e a consciência leve.

Tia Neguita era uma santa, todo mundo dizia... Meio aperrengada.

12. O AQUECIMENTO

O contador é um capitão que tem o timão e pode
guiar o barco, mas,
se o público não sopra nas velas, ele vai ratear.
Catherine Zarcate

Todas as histórias moram num grande poço, o poço das histórias.

Nesse poço os personagens vivem em perfeita harmonia.

Eles vão levando sua vida à espera de que alguém os chame para que suas histórias possam ser contadas.

O contador de histórias é alguém que sabe como girar a manivela desse poço para trazer à tona todos esses personagens com suas surpresas e encantamentos.

Mas o contador só consegue girar a manivela se vocês o ajudarem.

Então:

Quando eu disser CRIC, vocês dirão CRAC
Quando eu disser MISTICRIC, vocês dirão MISTICRAC
Quando eu disser DECLIC, vocês dirão DECLAC

Vamos lá!!!
CRIC!
CRAC!
Assim está fraco, a manivela não gira.
De novo!!!
CRIC!
CRAC!
MISTICRIC!
MISTICRAC!
DECLIC!
DECLAC!
E agora a manivela gira... gira...
Era uma vez...

Como capitão de um barco, o contador de histórias conduz seus ouvintes em uma viagem pelas águas do imaginário. Mas, para entrar no barco, há que se atravessar a plataforma de embarque. No cais ela é a ligação entre a terra firme e o mar aberto.

Numa sessão de contos, o aquecimento faz a ligação entre dois mundos e dois tempos. De um lado, o mundo da realidade física, concreta e tangível, onde o cotidiano tece nossa existência num tempo demarcado entre passado, presente e futuro. De outro lado, o mundo do maravilhoso, construído com a mesma substância dos sonhos, onde personagens surpreendentes nos levam a atravessar fronteiras além da realidade.

Nesse espaço de sonhos, as barreiras do tempo se esfumam num passado impreciso e distante – *momentum* da gênese em que se encontra a fonte das origens. Tudo está por ser criado.

Para adentrar esse universo é necessário preparar-se, como num ritual de passagem. O aquecimento terá por objetivo cuidar dessa preparação, colocando os ouvintes num estado de predisposição, catalisando sua atenção, convidando-os a evadir-se do mundo da realidade concreta, abrindo as portas da imaginação.

Como fazê-lo? Não há uma regra. É importante que cada contador, utilizando-se de seus talentos, encontre o próprio estilo. A melhor fórmula de aquecimento é aquela em que o contador realiza seu objetivo com tranqüilidade. Ritmos, adivinhas, cantos, música, brincadeiras, malabarismos, um dedo de prosa, algumas anedotas para relaxar... o que importa é que o contador se sinta à vontade naquilo que estiver propondo. Como exemplo, relacionamos algumas fórmulas conhecidas em certas culturas. Algumas foram enriquecidas pelos contadores contemporâneos.

A fórmula apresentada anteriormente – "CRIC CRAC" – era utilizada originalmente pelos marinheiros franceses. Resumindo-se a esses dois vocábulos, constitui o diálogo entre o contador e os ouvintes que se preparam para ouvir o conto. Posteriormente, essa antiga fórmula foi incrementada por Mimi Barthelemy, contadora haitiana que estendeu o CRIC CRAC para MISTICRIC MISTICRAC, DECLIC DECLAC, e Gin Candotti, contadora francesa, introduziu o "poço das histórias", tal como descrevemos.

A tradição africana é riquíssima em fórmulas de aquecimento, de introdução e de finalização. Em seu livro *Le conte africain et l'éducation*, Pierre N'Dak[28] relaciona várias delas, como descreveremos a seguir.

Para os *agnis* de Indenié, leste da Costa do Marfim, a sessão de contos começa com uma série de canções (*Maboué*) cuja função é criar um estado de ânimo na platéia. Em seguida, o primeiro contador decide tomar a palavra e interpela um membro da assistência com a fórmula:

– *Na min hoa hoo?* (Não é este meu conto?)

[28] N'DAK, 1984.

O interpelado que fará o papel de coadjuvante responde:

– *Wo hoa o!* (Sim, este é seu conto!)

Essa fórmula é ao mesmo tempo um pedido de narração e um convite à escuta.

Entre os *ewes* do Togo, o coadjuvante se coloca entre os ouvintes e começa:

– Escutem meu conto.

As pessoas respondem:

– Sim, que o conto venha.

Ele retoma:

– O conto plaina, plaina, plaina e tomba sobre ... (fulano)

Essa é a pessoa escolhida para contar primeiro.

Entre os *bambaras*, o primeiro que toma a palavra diz:

– Eu vou contar meu conto.

O público responde:

– *Namoun!*

– É uma mentira – diz o contador.

– *Namoun!*

– Nem tudo é falso – retoma o contador.

– *Namoun!*

Entre os *n'zimas*, o aquecimento é constituído de uma troca de gritos estereotipados sem nenhuma significação entre aquele que pretende tomar a palavra e o público. Ele grita:

– *Akono-oo ya!*

O público responde:

– *Ooo ya!*

– *Edawulaé-ee!* – o contador.

– *Éeeh!* – o público.

Ele diz então:

– Escutem meu conto!

O objetivo dessa troca de gritos é obter silêncio e assegurar-se de que o público está pronto para escutar. Apenas a última frase tem sentido e constitui a fórmula inicial propriamente dita.

Em certas regiões o aquecimento é uma espécie de brincadeira. No Samo, por exemplo, alguém do público interpela um outro dizendo:

– Onde você colocou meu anel?

Ele responde:

– Eu o passei a fulano.

O anel simbólico passa pelo público até que alguém diga:

– Eu o dei a fulano.

Esse é o candidato designado para começar a contar.

Entre os *bobos* da Haute-Volta, um adulto grita:

– *Han han halé!*

O auditório responde:

– *Hon hon!*

O contador retoma:

– O que eu sei, eu digo, o que eu não sei, eu não digo.

– *Han han halé!*

O auditório responde:

– *Hon hon!*

Em Ruanda a fórmula é sibilina e comporta variantes mais complicadas. A mais bela e mais conhecida é a seguinte:

Que eu vos dê um conto,
Que eu vos desperte por um conto,
Que mesmo aquele que venha do país dos contos
Encontre um conto adulto e vigoroso
Amarrado na pilastra da cabana.
Havia e não há mais
Mortos estão os cães e os ratos,
Restam a vaca e o tambor.
O nada chocou sobre o abismo

E o vento o desaninhou,
O gavião tocou a música,
O camaleão soprou
A arara dançou ao som da cítara.

Entre os *mossis* da Haute-Volta:
Conte os contos para que nós os contemos
Quebre um bastão para com ele batermos nos bobos.

Ainda como um aquecimento tipicamente africano, temos o que foi apresentado por Inno Sorsy no Festival de Inverno de Ouro Preto, em 1997.

A contadora grita:

– *Osei ei!*

Em seguida explica à platéia o que isso quer dizer: "Todos estão prontos?" A platéia deverá responder: *Iei iei!* ("Sim, estamos prontos.")

Então ela diz:

– *Osei ei!*

– *Iei iei!*

– Mais forte! *Osei ei!*

A contadora acrescenta:

– *Eia rino!*

Explica:

– Agora estou perguntando: "Mas quem está aí?" É claro, vocês querem se identificar, então respondem: *Eia mio*, que significa "Nós estamos aqui".

– *Eia rino!*

– *Eia mio!*

Pergunta:

– Vocês estão certos de estarem mesmo aqui? Então, mais forte: *Eia rino!*

– *Eia mio!*

– *Cueco anansi* – cantando.

– Agora – diz a contadora –, estou evocando Anansi. Vocês não sabem, mas todas as histórias do mundo pertencem a Anansi, e Anansi é uma criatura muito inteligente. Se colocássemos nesta sala todas as inteligências do mundo, isso não daria nem um pedacinho da inteligência de Anansi. Mas Anansi pode ser muito desagradável com as pessoas, por isso é sempre seguro evocá-lo antes de começar a contar. *Cueco anansi.*

Comentando os preâmbulos africanos, Chevrier diz o seguinte:

> O aquecimento, que em certas regiões pode revestir a forma de cantos, de dança, de adivinhas, ou ainda de um conto-charada, é freqüentemente formulado de uma maneira enigmática ou insólita, que manifesta a vontade do contador de introduzir seu auditório em um espaço psíquico em ruptura com o cotidiano.[29]

Na Turquia, o contador (*medha*), sentado em uma cadeira, tem como acessórios um bastão e um lenço. Com o lenço ele faz malabarismos, mímicas que atraem a atenção do público antes de iniciar o conto. Durante a narração, ele usa o lenço para mudar de voz e imitar alguns personagens.

Entre os povos nômades do deserto e na Cabília, o aquecimento se faz apenas com o silêncio. O contador coloca-se no lugar a ele designado e fica em silêncio, sugerindo a todos o mesmo. Quando isso acontece, passa diretamente à fórmula introdutória.

Nas Guianas, o contador grita:
– *Massak!*
O auditório responde:
– *Kam!*

[29] CHEVRIER, 1986, p. 16.

13. A INTRODUÇÃO

Era uma vez... Precisão de um momento, de uma época, num passado impreciso, distante. Remonta à fonte, à origem. É tão longe, tão longe, e tão perto.
Maurice Guinguand

Ouvidos atentos, corações abertos, pensamentos quietos. O contador – capitão do barco – solta as amarras do cais para ganhar o mar aberto.

Aonde vamos? À Terra do Nunca, ou a um "país tão longínquo que para chegar lá é necessário dar mais de mil voltas em torno da Terra", ou a um "distante país do Oriente", ou a um "país que outrora existiu entre o sertão e o mar".

Lugar indefinido, tão longe daqui, mas tão perto de nós. Diriam os místicos: o país do próprio coração, lugar onde a criação pode se dar e os desejos mais íntimos se realizam.

O tempo? "Há muito tempo", "no tempo em que os animais falavam" ou no "tempo em que a noite ainda gestava o dia".

É esse o tempo mágico do "Era uma vez...", tudo é possível, os desejos se realizam, não há esforço que não tenha sua justa recompensa, os vilões são vingados, os heróis conquistam suas metas pelo merecimento e a ajuda sempre lhes chega quando necessitam dela. Em sua trajetória, nunca estão completamente abandonados, nada é absurdo, diria Chevrier:

> Um mundo radicalmente diferente onde o sobrenatural é a regra e onde a ordem habitual das coisas é inversa. É o momento em que todos se encontram unidos, e essa integração ao espaço psíquico do relato favorece plenamente o sentimento de solidariedade e de tomada de consciência de um destino comum.[30]

[30] CHEVRIER, 1986, pp. 16-7.

As fórmulas introdutórias cumprem sua função de nos transportar para o espaço e tempo mágicos. Às vezes envolvem o auditório, como nesta fórmula africana, em que o contador começa com a pergunta:

– Não estávamos lá naquele tempo?

O auditório responde:

– Claro! Nós estávamos lá.

Na Costa dos Escravos, Costa do Ouro, o contador (*Akpalô*) explica o que será o enredo do conto, gritando:

– Alô!

O auditório responde:

– Alô!

Ele explica:

– Meu alô é sobre o elefante e o camaleão...

Nos contos etiológicos, pode-se iniciar também com uma pergunta, precedida de uma afirmação:

– Houve um tempo em que a água do mar era doce como melado, agora ela é salgada. Vocês sabem por que ela ficou salgada? Pois vou contar por quê...

Na Cabília encontramos:

- Eu vou te dizer e te mostrar um rei...
- Conte-me e eu te contarei que certa vez...
- Que Deus não ligue para as pessoas que dizem que...
- Minha história correu de vale em vale...

Marguerite-Taos Amrouche, contadora da Cabília, utiliza uma fórmula que teria aprendido de sua mãe:

- Que meu conto seja belo e que se desenrole como um longo fio...

No Marrocos, os *chleuhs* começam seduzindo o auditório:

- Eis o que escutei entre os nobres. Eu o contarei a vocês...

Entre os contadores franceses encontramos as fórmulas:

- *Il était une fois...* ("Era uma vez...")
- Eu vos passo a história como um velho me contou. Não posso jurar que seja verdade, mas vocês sabem tanto quanto eu que nada se parece tanto com a mentira quanto a verdade!
- *Cri! Crac!* Para ser bom mentiroso é preciso ter boa memória... (*Cric! Crac! Pour être bon menteur, il faut avoir bonne mémoire...*)
- No começo não havia nada porque nada tinha começado ainda...
- *Cric-Crac*, sabugo colher de pau. Caminha hoje, caminha amanhã, de tanto caminhar se faz o caminho, e foi assim que...
- Mais se fala, mais se mente. Eu não sou pago para dizer a verdade. Caminha hoje, caminha amanhã, de tanto caminhar se faz o caminho...

Os árabes costumam iniciar com louvores a Alá:
- Conta-se – mas Alá é mais poderoso – que certa vez houve um rei...
- Conta-se – mas Alá é mais sábio – que numa noite entre as noites...
- Conta-se – mas Alá é mais sábio, mais prudente e mais benfazejo – que houve um rei, entre os reis de Sassau, nas ilhas da Índia e da China...
- Conta-se – mas Alá é mais prudente e poderoso – que na Antiguidade transcorreu...
- Louvado seja Alá, clemente e misericordioso! Era uma vez um sultão...

Os contadores russos têm a arte da introdução. Algumas delas são:
- Foi lá que isso se passou, além do Mar Vermelho, além da Floresta Azul, além da Montanha de Cristal, além da Cidade de Palha, lá onde se junta água na peneira...

- Num lugar distante onde os gansos descascam o trigo com suas asas e as cabras moem a farinha com sua barbicha...
- Aos que escutam atentamente, que sejam jovens ou velhos, eu darei um manto de zibelina e ainda mais, uma bela jovem, cem rublos para as bodas e cinqüenta rublos para outras despesas...
- Muito longe, além da extremidade do mundo e além mesmo das Montanhas dos Sete Cães, era uma vez um rei...
- Na extremidade do mundo, onde tudo se acaba numa paliçada de bambus...
- Quando as gatas usavam sandálias ou as rãs punham barretes para dormir...

Da Idade Média vêm fórmulas muito utilizadas ainda hoje:
- No tempo em que Deus passeava pela terra...
- No tempo em que os animais falavam...
- Antigamente, quando Adão era cadete...
- Quando Nosso Senhor andava pelo mundo...

Os índios da Amazônia dizem:
- *Uatá, uatá, uatá.* ("Andou, andou, andou")

Os contadores ingleses dizem:
- *One day a man...* ("Um dia um homem...")
- *Once upon a time...* ("Era uma vez...")

Os contadores espanhóis dizem:
- *Habia una vez...* ("Havia uma vez...")
- *Aunque les cueste creerlo...* ("Embora seja difícil acreditar...")
- *En un lejano lugar...* ("Num lugar distante...")
- *Hace mucho, mucho tiempo...* ("Há muito, muito tempo...")

Nos contos húngaros, encontramos:

- Onde foi, onde não foi, além dos sete reinos e pra cá do mar Openciano [um mar ou rio imaginário]
- Bem pra lá do cafundó onde fuça o porquinho Rabicó...
- Num lugar distante, vivia certa vez um rei...
- Além da Montanha de Cristal havia [ou vivia]...
- Acreditem ou não, todo o Reino da Fantasia e mais um palmo lhe pertencia.
- Além dos sete reinos...
- Faz tanto tempo que naquela época as pedras ainda nem tinham endurecido.
- Era uma vez, não se sabe onde, num lugar não muito distante...
- Onde foi, onde não foi, quem sabe, além dos sete reinos, vivia um rei e sua belíssima filha...
- Era uma vez, aquém dos sete reinos e além do fundo do Mar da Fantasia...
- Devo dizer ou não devo dizer? Mas, mesmo que não diga, vocês já devem ter adivinhado que...

A fórmula a ser utilizada pode variar de acordo com o que se vai contar, ou pode ser sempre a mesma. Há contadores que preferem criar suas próprias fórmulas introdutórias ou incrementar as já existentes, o que enriquece o repertório. Para aqueles que escolhem criar novas fórmulas, o importante é que tenham em mente sua principal função: transportar o ouvinte para um tempo e um espaço fora do tempo e do espaço reais.

14. A NARRAÇÃO DO CONTO

Não se pede ao contador um pedaço da vida cotidiana, mas um grande pedaço de sonho... como se a gente estivesse lá.
Henri Verneuil

Grande parte dos contos populares já é muito conhecida, mas isso não faz com que percam seu poder de encantar. O contador poderá conservar-lhes esse poder encontrando o "jeito" de contá-los. Esta anedota ilustra bem a arte da narração.

O PRISIONEIRO RECÉM-CHEGADO

Um novo condenado chegou ao presídio. Ele não conhecia os hábitos do lugar e nada sabia de seus colegas presidiários. Num determinado horário, todos foram conduzidos a um auditório. Pareceu-lhe que algo muito interessante iria acontecer, pois todos aguardavam ansiosos por esse momento. Lá chegando, os prisioneiros subiram ao palco, um a um, e disseram um número. Os demais riram às gargalhadas.

O novo prisioneiro aproximou-se de um colega que lhe parecia mais aberto ao contato e perguntou-lhe o que significava tudo aquilo. O outro respondeu:

– No presídio temos uma biblioteca, mas na biblioteca só há um único livro: de piadas. As piadas são numeradas e todos já decoramos o livro, pois é o único que temos para ler. Então, em vez de contarmos a piada toda, dizemos apenas o número que lhe corresponde. Se a piada correspondente ao número é boa, todos rimos muito.

O novo presidiário, que deveria passar um bom tempo de sua vida naquele lugar, decidiu enturmar-se logo. Foi à biblioteca, retirou o livro e começou a decorá-lo. Sentindo-se pronto, inscreveu-se para subir ao palco. Lá chegando, disse: "345", mas ninguém riu. Ele desceu envergonhado do palco, foi ter com seu novo amigo e lhe perguntou:

– *Mas por que não riram se a piada é tão boa?*
– *O problema não é a piada, é o jeito de contá-la.*

A arte do contador está na habilidade em manejar a palavra, imprimindo-lhe emoção, ritmo, entonação, energia. Entremeando-a com silêncios, dando-lhe força ou suavidade. A palavra do contador deve maravilhar, emocionar, distrair, divertir e instruir. O contador deve dar provas de eloqüência, de cultura, de inteligência e imaginação. Sua arte não consiste em contar textos inéditos, em apresentar um assunto novo. Manifesta-se na maneira inédita de narrar os relatos antigos.

Cada contador deverá conhecer seus talentos e buscar seu estilo próprio. Há contadores que são músicos e usam canto, instrumentos, ritmos musicais para incrementar o conto; outros têm talento para envolver a platéia num jogo interativo em torno do que estão contando; outros, ainda, contam sem utilizar nenhum recurso além da própria voz. Todos eles podem ser igualmente muito bons no seu "jeito" de contar. Independentemente do estilo, o bom contador é aquele que nos emociona, nos faz refletir, nos diverte, sabe plantar em nosso coração a semente dos sonhos. Para que isso aconteça, mais importante que qualquer recurso cênico é construir a narrativa a partir da "atmosfera" do auditório, sentindo-lhe o pulso a cada imagem que lhe é entregue. O conto é, antes de tudo, a arte da relação que se estabelece entre o contador e seus ouvintes. O grande mérito dos bons contadores está em seu talento para criar, em torno da palavra do conto, um ambiente de fraternidade que possa apagar as linhas que separam as gerações, as raças e as culturas.

Muito acertadamente, os dogons[31] costumam dizer que contar histórias é construir a aldeia. Através de sua arte, os

[31] Os dogons das falésias de Bandiagara são uma das etnias africanas mais descritas pelos etnólogos. Descobertos em 1913 pela missão Da-

contadores podem contribuir para o desenvolvimento do sentimento de unidade experimentado por nossos ancestrais das sociedades tradicionais e esquecido pelo homem moderno. Esse sentimento, que se manifesta na consciência de um destino comum a todos os seres humanos e nos faz reconhecer no outro um semelhante, é o alicerce sólido pelo qual se começa essa construção de que falam os dogons.

Portanto, eis aqui a tarefa proposta ao contador de histórias. Para levá-la a cabo é necessário, como vimos nos tópicos anteriores, preparar o que se vai contar, mas preparar-se como contador não é menos importante e requer o desenvolvimento de algumas habilidades:

A voz

Diz Griaule sobre os dogons:

> Julga-se o caráter de uma pessoa pelo timbre de sua voz, antes mesmo de ter escutado o conteúdo de seu discurso. Uma voz feminina estridente, por exemplo, afasta os pretendentes porque é interpretada como sinal de um temperamento ranzinza. A nasalidade é associada à morte; como o nariz é a sede do sopro vital, toda palavra carregada de nasalidade evoca a partida do último sopro e junta-se à palavra dos mortos, vinculada pelo vento e errante como ele, sem rumo e sem resposta. É devido a isso que nos contos todos os personagens que estão em relação simbólica com a morte (fantasmas, ogros ou animais maléficos como a hiena) falam com voz anasalada.[32]

Podemos não ser tão radicais quanto os dogons, mas não há como negar o fato de que a qualidade da voz desempe-

kar-Djidouti dirigida por Marcel Griaule, possuem uma cultura rica e complexa que tem surpreendido o mundo científico e o grande público.

32 GRIAULE, 1990, pp. 17-26.

nha um papel importante na arte do conto. A voz pode abrir as portas do imaginário e também fechá-las. Uma voz monótona ajuda a dormir, mas o conto é para acordar, não para fazer dormir.

Mudar a voz imitando os personagens quebra a monotonia. Variar a tonalidade, abaixando-a ou levantando-a. Falar lentamente ou acelerar o ritmo, dependendo da situação descrita na história. Tudo isso traz vida à narração. Exercícios de canto como vocalises, escalas de intensidade, duração e articulação são muito eficazes para a educação vocal. A respiração também é um elemento importante no trabalho de voz. Podemos dizer que sem o ar não há voz, pois a voz é o ar que vibra. No caso do contador de histórias, ela é seu principal recurso de trabalho.

Para haver flexibilidade, entonação e variedade na voz, é necessário ter consciência da respiração e aprender a controlá-la. Se a pessoa prende a respiração em momentos de estresse, medo, nervosismo e insegurança, ela cria uma tensão muscular em todo o corpo, bloqueando a livre expressão.

É recomendado fazer exercícios de ioga, de *tai chi chuan* ou outros exercícios similares que ajudam a integrar movimento e respiração. Igualmente, são benéficos exercícios que aumentam a capacidade pulmonar e exercícios de canto, que criam uma ligação dos centros emocionais com a respiração. Mas não menos importante que aprender a respirar é aprender a se concentrar.

A seguir sugerimos alguns exercícios de respiração, concentração e voz que podem ser feitos por conta própria.

Exercício de respiração: aumentando a capacidade pulmonar

Duração: 10 minutos ao acordar pela manhã
10 minutos ao se deitar à noite

- Sente-se confortavelmente numa cadeira.
- Inspire pela boca.
- Segure o ar o maior tempo possível.
- Expire pelo nariz.

Esse exercício, feito duas vezes ao dia, é cumulativo e sua prática regular traz muitos benefícios. Deve-se fazê-lo suavemente. A respiração se aprofunda naturalmente durante o exercício, portanto não há necessidade de pegar grandes fôlegos ou tentar prender o ar além do limite confortável. Como qualquer exercício físico, a força e a flexibilidade aumentam com o tempo.

Caso você sinta dor na região do plexo solar (peito) depois de fazê-lo, é sinal de que forçou mais do que devia. Faça-o mais calmamente.

Exercícios que ajudam a relaxar e a se concentrar

1. Fique de pé, numa boa posição: coluna reta, cabeça bem posicionada, o olhar buscando a linha do horizonte, ombros relaxados, braços estendidos ao longo do corpo, pés paralelos e bem plantados no chão, joelhos ligeiramente flexionados.

Inspire pelo nariz – expire pela boca.

À medida que inspira, feche a mão direita no mesmo ritmo da absorção do ar. Ao expirar, feche a mão esquerda, ao mesmo tempo abra a direita e vice-versa. É importante estar atento para não tencionar os ombros. Na inspiração, o ar deve ser levado até o abdome. Na expiração, todo o ar deve ser liberado do corpo.

Repita por alguns minutos.

2. Sente-se numa boa posição: coluna reta, cabeça bem posicionada, o olhar buscando a linha do horizonte, ombros relaxados, braços estendidos junto ao corpo, cotovelos tocando suavemente os quadris, mãos repousando sobre as coxas, pés paralelos e bem plantados no chão, olhos fechados.

Inspire pelo nariz, imaginando que o ar chega até as plantas dos pés e que, nessa trajetória, ele relaxa os pés.

Expire pela boca, imaginando que o ar retira a tensão nos pés.

Repita inspiração e expiração, enviando o ar para: pernas / coxas / nádegas e região genital / abdome / plexo solar (peito) / costas / ombros / braços / antebraços / mãos / nuca / pescoço / cabeça / fronte / faces / maxilares.

Continue a inspiração-expiração suavemente, mantendo os olhos fechados. Volte a atenção para ouvir os ruídos, sons, barulhos ao redor, sem perder a conexão com a respiração.

Após alguns segundos, comece a movimentar suavemente o corpo, iniciando pelas extremidades até abrir os olhos e colocar-se de pé.

Exercícios para aquecer a voz

1. Exercite as mandíbulas supondo que você tem um chiclete grande em sua boca. Mastigue-o vigorosamente, passando-o da bochecha esquerda para a direita e vice-versa.

Exercite a língua:

- Alongue a língua tentando encostá-la na ponta do nariz e depois no queixo.
  Repita cinco vezes em cada direção.
- Tente tocar o ouvido esquerdo e depois o direito com a língua.
  Repita cinco vezes em cada direção.
- Com a boca fechada, passe a língua devagar acima dos dentes superiores e depois inferiores, num movimento circular, como se você estivesse escovando a superfície exterior dos dentes com a língua.

2. Pratique, repetindo as consoantes abaixo várias vezes:
PPP
BBB
TTT
DDD
GGG

3. Faça o som mais alto, ou seja, mais agudo que conseguir, mantendo a boca fechada. Faça a escala descendente até a nota mais baixa possível, ou seja, mais grave. Faça a escala ascendente como se sua voz estivesse subindo um elevador.

4. Com a boca fechada, cantarole sua música favorita. Varie o ritmo, o humor, a escala.

Exercícios para conhecer a voz[33]

- Experimente a voz em diferentes posições do corpo: repita uma mesma frase de pé, sentado, deitado, agachado, encolhido, com braços estirados para o alto, costas arqueadas etc.
- Experimente a ressonância da voz sob diferentes materiais: repita seu nome ou uma mesma frase colocando a boca bem perto de materiais diferentes, como madeira, parede de cimento, tapetes, vidro, metal, pedra, terra, água etc. Ouça o eco que se produz de acordo com cada material.
- Para falar forte: sentado, imagine um objeto pesado à sua frente e que deverá ser empurrado com a voz; solte o som que possa empurrá-lo.
- Para falar forte: de pé, flexione os joelhos e, na posição do arqueiro, lance o som como se fosse uma flecha (falar forte é lançar alguma coisa).

[33] Sugeridos por Michel Hindenoch (1987).

- Exercite a altura, ou seja, o volume da voz: imite um barulho, um som, uma palavra, na mesma altura, imediatamente após tê-los ouvido.
- Escute a conversação entre duas pessoas e observe como as vozes se combinam, o tom sobe e desce entre os dois interlocutores.
- Escreva oito palavras graves e oito palavras agudas; pronuncie essas palavras várias vezes, escutando-se.
- Experimente a voz anasalada, aguda, grave, alta, baixa etc.

Exercícios de entonação

1. Escolha um pequeno texto de dois ou três parágrafos e leia-o expressando diferentes sentimentos: tristeza, alegria, euforia, raiva, amor, insegurança, desprezo etc.

2. Escolha uma frase qualquer, como por exemplo:

"Desde que partiu, ninguém jamais teve notícias de seu paradeiro."

Ou:

"Foi encontrado às 4 horas da madrugada e já estava completamente gelado."

Repita a frase com entonações diferentes:

- fazendo um discurso político;
- narrando uma partida de futebol;
- recitando uma poesia;
- fazendo uma declaração de amor;
- contando uma fofoca;
- transmitindo uma notícia triste;
- fazendo uma pregação religiosa;
- anunciando o ganhador do Oscar.

Exercícios de articulação

Exercite com trava-línguas como:

O bispo de Constantinopla
Quer se desconstantinopolizar.
Quem conseguir desconstantinopolizar
O bispo de Constantinopla,
Bom desconstantinopolizador será.

Eu tagarelarei se eles tagarelarem,
Pois é bem possível que todos fiquem tagarelando.
Se todos nós tagarelarmos, vós também tagarelareis?

Está o céu enladrilhado.
Quem o enladrilhou?
Quem o desenladrilhará?
O mestre que o desenladrilhar
Bom desenladrilhador será.

Um ninho de magafagarfa com cinco magafagarfinhos.
Quando a magafagarfa guincha,
Guincham os cinco magafagarfinhos.

Se ter sete setas para sete seres céticos
Significa algo para o senhor sete,
Sérios esses sete seres teriam que ser.

Improvisação

Improvisar, no sentido popular, é fazer de última hora, fazer algo sem preparação. No contexto do conto não se trata disso. Improvisar é uma técnica que requer aprendizagem, treino e disponibilidade para trabalhar com as próprias emoções. É importante estar aberto para perceber-se e perceber o outro e, sem nenhuma elaboração prévia, poder criar a partir das situações e da atmosfera do momento. A aprendizagem dessa técnica leva em conta a observação de si mesmo diante do outro e das situações que se apresentam. "Escutar" as emoções, percebendo no próprio tom de voz, nas posturas corporais e no discurso uma manifestação delas. Escutar o outro buscando uma empatia com seus sentimentos. Deixar-se fluir sem censura para conhecer melhor suas possibilidades na expressão. Esses são os pontos centrais na improvisação.

> Quando não se está mais na escuta de suas próprias emoções ou de seu imaginário, a reação mais fácil e corrente é refugiar-se numa palavra vazia, num diálogo sem fim, desencarnado. Na improvisação é a emoção que faz nascer a palavra. A palavra é o prolongamento da emoção, jamais sua substituta.[34]

Por fim, para improvisar é importante não ter medo de brincar, de experimentar, rechaçando a autocensura e envolvendo-se por inteiro. Alguns exercícios podem ajudar.

Exercícios de improvisação

1. *Conhecendo personagens* (para fazer em grupo)

Comece a caminhar num espaço amplo, percebendo a respiração e o movimento das articulações. Pouco a pouco, concentre a atenção em uma parte do corpo, por exemplo, a mão direita. Comece a movimentá-la com um mesmo gesto que vai se repetindo como num automatismo até que todo o corpo comece a orientar-se a partir desse gesto.

Em seguida, emita um som que inicialmente é um sussurro, um balbucio e, aos poucos, vá aumentando até surgir uma palavra.

Continue caminhando dessa forma até que esse movimento, associado a uma palavra, traga à imaginação um personagem qualquer. Deixe-se levar pelo personagem para compor a história dele.

[34] SYLVANDER, 1990, pp. 10-40.

Depois de algum tempo, volte a atenção novamente para a respiração e para o movimento das articulações ao caminhar, distanciando-se do personagem.

Reúna-se com outros dois participantes do grupo. Cada um deverá contar aos outros sobre seu personagem.

2. *Criação de uma história* (para fazer em grupo de pelo menos sete pessoas)

O escolhido para começar recebe um objeto qualquer, como um bastão ou um chapéu, e dá início a uma história que será criada no momento, como por exemplo: "Ontem, na esquina de uma rua do centro, encontrei um jovem muito estranho..." Passa o objeto para o próximo, que deverá dar continuidade à história. É importante que a escolha não seja na seqüência, um após o outro da esquerda para a direita, por exemplo. O fator surpresa é fundamental.

A história construída pelo grupo deve ter início, meio e fim.

Cada participante, ao dar continuidade à história, leva em conta os personagens e os elementos que já apareceram anteriormente. Ainda que queira mudar o rumo da trama, deverá fazê-lo sem perder o contexto anterior.

Os últimos deverão conduzir para a conclusão, buscando relacionar os acontecimentos e os personagens entre si, para dar sentido final à história.

3. *Flexibilidade criativa de mente e de linguagem* (exercícios em dupla)

Exercícios desse tipo ajudam a trabalhar o lado direito do cérebro. Aumentam a empatia entre a dupla e ajudam a alterar o processo repetitivo de pensamento, deixando o processo criativo acontecer.

- Os pares se escolhem, dão os braços e começam a construir juntos uma história, cada um dizendo uma palavra alternadamente. Exemplo:

O primeiro:	*O segundo:*
era	uma
vez	um
grande	homem

- A frase longa:
  Comece com uma frase simples: "A menina andou até o mercado."
  Cada participante, em sua vez, acrescentará à frase algo que a enriqueça.
  Exemplo:
  "A menina magra andou até o mercado."
  "A menina magra andou relutantemente até o mercado barulhento" etc.

Expressão corporal

Embora a arte do contador seja a arte da palavra por excelência, não se pode subestimar a importância da expressão corporal para o sucesso da narração. Como as muletas de linguagem: né... então... aí..., que podem desviar a atenção do ouvinte, também temos os automatismos gestuais que podem colocar a perder a narrativa.

Andar de um lado para o outro sem que isso tenha relação com o que se está narrando ou mover as mãos de forma compulsiva são automatismos bem freqüentes.

Diz Joya Eliezer: "quando os movimentos contêm uma intenção clara, eles se transformam em gesto"[35]. É justamente essa intenção clara que devemos buscar para envolver o corpo no relato. Mesmo para aqueles que preferem contar sentados e sem muita gesticulação isso é importante, pois um corpo quieto também está comunicando.

[35] Eliezer, 1995, pp. 85-9.

Para sairmos do movimento e chegarmos ao gesto, comecemos pela auto-observação, através de alguns exercícios.

1. *Caminhada I*

Caminhe, concentrando a atenção no movimento das articulações e na distribuição do peso pelo corpo, sem perder de vista a respiração.

Experimente novas formas de caminhar: lentamente, rapidamente, com os joelhos arqueados, com os pés para fora e para dentro, correndo...

2. *Caminhada II*

Caminhe normalmente e, aos poucos, imagine que o corpo começa a pesar. Até que, de tão pesado, começa a arrastar-se, sendo necessário um esforço muito maior para deslocar-se no espaço.

Volte lentamente à posição inicial, à caminhada, para, em seguida, imaginar outra situação: o corpo começa a ficar leve como uma pluma. O deslocamento se faz na ponta dos pés.

Volte novamente à posição inicial da caminhada e imagine que o corpo se afina e cresce até tocar o céu.

Experimente outras posturas nesse exercício.

3. *Caminhada III* (para fazer em grupo)

Caminhe pela sala enquanto um orientador, em voz alta, sugere situações, sentimentos ou personagens para estimular a expressão livre do corpo. Imediatamente após ter sido dado o estímulo, todo o corpo e o rosto devem expressar de forma livre o que o estímulo lhe sugere.

Exemplo:

- Você está triste, deprimido.
- Você está furioso.
- Com medo... alegre... exultante... decepcionado... etc.
- Você é um animal feroz da floresta... um pássaro... um cão...

- Você é um político... uma enfermeira... um mendigo... uma *top model*...
- Você está diante de uma cena horrível...
- De um casal de namorados que se beija...
- De uma flor muito delicada...
- Do Papai Noel...

4. *Situações do cotidiano*

Repetir situações simples do dia-a-dia com atenção na seqüência de movimentos. Exemplos:

- levantar-se e fazer a toalete;
- comer uma banana;
- vestir-se com traje de mergulho;
- cozinhar algo.

15. Finalização

...E foram felizes para sempre!

Finalizar o conto é trazer os ouvintes de volta à terra firme, é lembrá-los de sua existência.

A fórmula final pode ser uma moral explícita, como nas fábulas:

- "Em vez de invejar os talentos dos outros, aproveite melhor o seu" (*A queixa do pavão*, fábula de Esopo).

Pode ser sempre a mesma, como preferem alguns contadores que, tendo um público fiel, criam com ele uma cumplicidade. Assim, contador e ouvintes participam sempre da mesma finalização:

- Não estávamos juntos da última vez? [diz o contador]
  Estávamos. [respondem os ouvintes]

Em algumas regiões da África onde todos conhecem a fórmula, ela é utilizada como a chave que fecha a noite:

Entre os *n'zimas*, os *baloués* e os *agnis*:

- Esta foi minha inspiração desta noite. [diz o contador] Bravo! E obrigado pela inspiração! [o auditório responde]

Os *samos* utilizam uma fórmula intraduzível:

- *Ma Nyi karaban De.*

Também entre os *n'zimas* de outra região a fórmula é intraduzível, pois não contém nenhum conteúdo semântico:

- *Asca Kou! Asla-Da!*

Para os *bambaras* e os *samos* de outras regiões:

- Eu coloco meu conto de volta onde o peguei.

Comentando essa fórmula, Pierre N'Dak diz: "Esta é uma maneira de lembrar que o conto faz parte do patrimônio comum, das coisas da tradição, e não pertence a ninguém, mas a todos, e cada um tem o direito de contá-lo sem pretender ser seu autor. O conto vem de longe."[36]

Para os *dogons* do Mali:

- O conto respondeu, eu me calo.

Para os *axântis* de Gana:

- O conto que contei, se é doce ou se não é doce, leve-o e depois me devolva!

Para os *ewés* do Togo:

- Foi assim que...
- Foi isso que uma velha que vinha do campo há pouco me contou, e eu o transmiti fielmente.
- Tu estás com Deus, tu estás com a terra.

[36] N'DAK, 1984.

Para os *uólofes* do Senegal:

- Foi de lá que saiu a fábula para se jogar no mar. O primeiro que respirar seu perfume irá direto ao paraíso.

Pierre N'Dak relata a explicação de Mokamadou Kane para essa fórmula: "O conto aqui é o verbo que encontrou seu significado pleno; o mar é a imensidão, o universo. [...] A fórmula pode significar que o verbo se perderá na imensidão e que é preciso penetrar no seu sentido e apropriar-se dele para ascender à sabedoria suprema e à felicidade."[37]

Em Ruanda:

- Que este não seja meu fim, mas o fim do conto!
- Que este não seja meu fim, mas o fim de... [citando os personagens maléficos do conto].

Na Cabília, a contadora Taos Amrouche finaliza sempre com a mesma fórmula, o que não é comum naquela região:

- Meu conto é como um longo riacho e eu o contei a cavalheiros e damas.

Outras fórmulas encontradas entre os povos da Cabília:

- Uma manta de lã para minhas costas, um osso cheio de carne para minha boca e uma lingüiça para os outros.
- Meu conto termina antes que meus recursos se esgotem.
- Minha história foi de vale em vale, eu a contei aos filhos dos nobres.
- Quanto a nós, que Deus nos perdoe; quantos aos chacais, que os extermine.
  [O chacal é o símbolo do inimigo para os povos da Cabília.]
- Minha história acabou. Eu a contei aos filhos dos nobres.
  A nós, que Deus nos dê Sua misericórdia.
  Aos chacais, que Ele os extermine.

[37] *Ibidem.*

- O chacal, que Deus o maldiga!
  Que de nós Deus tenha piedade.
  O chacal vai pela floresta,
  nós vamos pela estrada.
- Minha história acabou. Ela irá agora de cozinha em cozinha e nos trará um grande cacho de tâmaras. Nós comeremos juntos.
- Invejoso acaba pobre.
- Nunca diga: "As bestas são inúteis."
- Não sejamos invejosos, pois Alá vê tudo e sabe tudo.
- Cada um, sua hora de ser esperto.
- Quanto ao final da história, ele é assim contado, mas Deus sabe a verdade.

Outras fórmulas utilizadas por contadores franceses:

- Assim termina a história de...
  Que a paz esteja com vocês que a escutaram.
- Mais você fala, mais você mente.
  Mas eu não vim aqui dizer verdades.
  Os contos não são para se acreditar, mas para se comer.
- Eu contei essa história que outros antes de mim contaram.
  Eu a derramei na taça de suas memórias para que vocês a levem.
- No fio das histórias, como no fio da vida, cada um tece seu tapete.

Uma fórmula típica dos camponeses franceses:

- E eles se casaram e houve uma grande festa em que serviram cerveja, vinho e uma boa peça de carne. Entrei na cozinha, mas, quando ia pegar um pedaço, o cozinheiro me deu um chute no traseiro e eu vim parar aqui para contar-lhes essa história.
- O galo cantou e meu conto acabou.

Na Boêmia, os contadores pedem uma recompensa:
- Eles se casaram e foram felizes e ricos até o fim de seus dias, mas nós, pobres-diabos, rangemos os dentes de fome.
  [Passa-se um chapéu para recolher dinheiro.]

Na Inglaterra, a mais antiga fórmula:
- *Snip, snap, snout*, o conto acabou!

Na Espanha:
- E foram muito felizes, comeram perdizes e a mim, me deram queijo... e se acabou o conto com pão e pimenta e alcaravia para os que não acreditam nele.
- *E colorin, colorete*, pela cartola saiu um coelho.
- *E colorin colorado*, conto acabado.

No Chile:
- E acabou-se o conto e o levou o vento e todo mal se foi, e o pouco de bem que ficou que seja para mim e para os que me ouviram.

No Brasil:
- Eles se casaram e foram muito felizes.
- Era um dia uma vaquinha chamada Vitória; morreu a vaquinha, acabou-se a história.
- Que pagode, meu povo! Dancei, comi, bebi, contanto que não esqueci de ocês. Vinha trazendo uma garrafa de champanha e uma bandeja de doces; mas a cachorrada do doutor fulano [às vezes o nomeiam, uma pessoa conhecida] avançou que foi um arraso. Larguei a doçada e campei no pé.
- Entrou por uma porta e saiu por outra; peça ao senhor rei que lhe conte outra.
- Pé de pinto, pé de pato; peço agora que me conte quatro.
- Pé de pato, pé de pinto, peço agora que me conte cinco.

- Vacas não são bois, chifres são só dois, muita casca tem o arroz.
- Eu conto cinco, eu conto quatro, a história acaba, quem conta é o pato.
- Eu contei cinco e vai o quatro, a história acaba e quem conta é o pato.

Utilizado pelos índios *maxacalis*:

- Meu pai contou pra mim, eu vou contar pro meu filho
  Meu filho vai contar pro filho dele
  E assim ninguém esquece.

Nos contos húngaros, encontramos:

- O livro do qual tirei essa história foi encontrado na 366ª prega de saia de uma velha de 99 anos.
- Quem não acreditar, que vá investigar.
- E isto permanecerá assim enquanto o mundo for mundo, e mais dois dias.
- Tomaram o rumo da torre, pegaram a estrada em linha reta, porém sem destino.
- Que amanhã eles sejam seus convidados.
- Aqui acaba minha história, quem não gostou que peça outra a Vitória.
- Aconteceu, acabou e foi verdade.

Terceira parte

Os pássaros

Estando sua obra praticamente concluída, Deus foi, com os anjos, fazer a vistoria. Estava tudo uma beleza: as montanhas, os rios, os lagos, as árvores... As flores, ah!, que cores, que perfumes!...

Mas havia um detalhe que destoava do resto. É que os pássaros, apesar de terem tamanhos variados e asas diferentes, eram iguais numa coisa: todos eram da mesma cor, um marronzinho, assim, sem graça, sem definição, nem claro nem escuro, uma cor sem nenhum cuidado.

E Deus falou para os anjos:

– Estes passarinhos... Eles não estão combinando com o resto da paisagem... Poderíamos dar um colorido a eles. O que vocês acham?

Os anjos concordaram imediatamente.

Gabriel encarregou-se de avisar a todos que, tal dia, em tal hora, deveriam comparecer para o trabalho de acabamento.

No dia e na hora marcada, Deus chegou acompanhado de Gabriel. Sua paleta de cores era deslumbrante, com cores que ele inventara especialmente para a ocasião.

Gabriel começava a chamar os pássaros, quando uma gralha brincalhona lhe roubou a lista e, sem querer, a rasgou. E agora, como fazer? Mas eram tantos pássaros… Certamente não faltaria nenhum. Os pássaros colocaram-se em fila, e o trabalho começou.

A primeira da fila era a arara. Quando viu a paleta, a arara não se conteve:

– Eu quero um pouco deste azul, um pouco deste amarelo, deste vermelho, deste verde… Tudo… Quero muito de tudo!

Deus fez como ela quis. E ela saiu dali chamando a atenção de todos.

Quando o pássaro-preto, que ainda não era preto, viu aquilo, disse:

– Ah, isso não. Isso eu não quero! Prefiro algo mais sóbrio: um preto luminoso.

E Deus atendeu seu pedido.

E vieram os outros pássaros: beija-flores, colibris, periquitos…

O canarinho, todo entusiasmado, logo foi dizendo:

– Ai, adoro amarelo! Quero tudo amarelo!

E, no final do dia, quase todos os pássaros já estavam pintados.

A saíra-de-sete-cores, vendo que já não restava muita tinta, esfregou-se na paleta. Saiu toda pintada, e é por isso que tem esse nome.

Deus já organizava os pincéis para voltar para casa, quando viu o rouxinol, chegando apressado.

– Ah, desculpe-me o atraso, mas fui o último a ser avisado e sou o que mora mais longe… Também quero ser pintado.

Mas não havia mais tinta na paleta. Nada, nadinha!

– Ah, mas e eu? Eu vou ficar feio…

Deus olhou a paleta, olhou os pincéis e viu que restara apenas uma pequena gota de dourado. Pediu então ao rouxinol que pousasse no seu dedo e abrisse o bico. E, com a gotinha de dourado, pintou a garganta do rouxinol.

"Ah, não", pensou o rouxinol. "Na garganta, ninguém vai ver! Eu continuo feio." Mas, como não podia reclamar com o Senhor Deus, foi-se embora, decepcionado. E ficou amuado, num galho escondido, vendo aquela revoada de pássaros coloridos. Porém, quando

abriu o bico, o canto que saiu de sua garganta era inigualável. Era ouro puro, e todos pararam para ouvi-lo.

O MANDARIM E O ALFAIATE

Um homem que tinha se esforçado muito por um cargo veio a consegui-lo. Seria nomeado mandarim. Enfrentara grande concorrência, mas tinha conquistado o que queria. Quase não se contendo de felicidade, foi procurar um amigo e lhe disse:

– Agora que serei mandarim, preciso de roupas novas, de acordo com minha nova condição.

O amigo, solícito, estendeu-lhe um papel:

– Pois conheço o alfaiate certo para você. Aqui está o endereço.

O novo mandarim foi imediatamente à loja do alfaiate, que lhe tirou todas as medidas com cuidado. Isso feito, disse-lhe:

– Há ainda uma informação de que necessito. Há quanto tempo o senhor é mandarim?

– Ora, mas que pergunta sem propósito. O que isso tem a ver com a feitura de um manto?

– Sem essa informação não posso fazer o manto, porque um mandarim recém-nomeado fica tão deslumbrado com sua nova condição que mantém a cabeça altiva, ergue o nariz e estufa o peito. Assim sendo, tenho de fazer a parte da frente maior que a de trás. Depois de alguns anos, com tanto trabalho que terá de executar, com as dificuldades que terá de vencer, ele se torna mais experiente e olha adiante para ver o que vem em sua direção e o que deve fazer a seguir. Então, eu costuro o manto de forma que a parte da frente e a de trás tenham o mesmo comprimento. Mais tarde, pelo esforço do seu trabalho, pelo empenho do dia-a-dia, sem falar na humildade adquirida com os aprendizados, faço o manto de forma que as costas fiquem mais largas que a frente, pois seu corpo certamente terá mudado. Por tudo isso, tenho de saber há quanto tempo o senhor está no cargo.

O novo mandarim saiu da loja pensando menos no manto e mais no motivo que levara o amigo a mandá-lo procurar justamente aquele alfaiate.

A PEDRA NA MÃO

Um jovem, atraído pelas pedras preciosas e estando na idade de escolher uma profissão, decidiu tornar-se joalheiro. Dessa forma, foi à procura do mestre joalheiro, para que o formasse.

O mestre, como primeira lição, colocou na mão do rapaz uma pedra de jade. Fechando-lhe a mão, disse:

– Fique com a mão fechada, assim, durante um ano e depois volte.

O jovem voltou para casa indignado.

– Como é possível que um mestre me peça algo tão estúpido, tão difícil de fazer? Como alguém pode ficar com a mão fechada por um ano? Isso só pode ser um capricho.

No entanto, passado o primeiro momento de cólera, o rapaz, secretamente intrigado, manteve a mão fechada, dia e noite, durante um ano. Ao final de um ano, voltou à casa do mestre. Abriu a mão e entregou-lhe a pedra, perguntando:

– E agora? O que devo fazer?

– Eu vou colocar uma segunda pedra em sua mão e você ficará com ela durante um ano.

Dessa vez, o jovem explodiu:

– Mais um ano com uma pedra na mão? Isso é absurdo! É uma idéia idiota, saída da cabeça doente de um velho imbecil.

Mas, enquanto ele esbravejava, o mestre colocou em sua mão uma outra pedra. Automaticamente, o rapaz fechou a mão e, espantado, disse:

– Mas esta pedra não é jade!

O essencial

Um imperador mandou vir a sua presença um homem que era considerado o mais sábio de toda a região e pediu-lhe que redigisse uma obra que contivesse o conhecimento essencial.

O erudito pôs-se ao trabalho e, doze anos mais tarde, ofereceu ao monarca uma série de volumes sobre o assunto.

– É muito extenso – disse o imperador. – Escreva isso em um volume apenas.

O homem obedeceu e, quatro anos mais tarde, voltou com um único volume.

– Ainda está muito extenso – disse o imperador. – Eu sou um homem ocupado com os assuntos do reino. Escreva em apenas algumas páginas o que você acredita ser o essencial.

O sábio, depois de dois ou três anos de muito trabalho, conseguiu colocar a quintessência de seus conhecimentos em apenas algumas páginas. Voltou, então, à presença do monarca, para lhe entregar a encomenda. Mais ocupado do que nunca, o imperador pediu que o sábio fizesse um último esforço, colocando em apenas uma página tudo o que acreditasse ser o essencial.

Muitos anos se passaram, até que o sábio conseguiu colocar seu conhecimento em uma única página.

– Ainda está muito extenso. Proponho que você não escreva mais nada. Coloque o essencial em uma única palavra e você será recompensado.

O homem refletiu durante um longo tempo e, quando enfim encontrou a palavra exata, voltou à presença do imperador que, por essa época, já era um homem muito idoso.

– Encontrou a palavra? – perguntou o imperador ao erudito.

– Sim, Majestade. Eu a encontrei.

– Aproxime-se e diga, no meu ouvido, qual é a palavra.

O erudito curvou-se até a altura dos ombros do imperador e murmurou-lhe uma só palavra. Apenas o imperador pôde escutá-la.

E o monarca, então, gritou:

– Mas é isso? Isso eu já sabia há muito tempo!

O DINHEIRO

No início dos tempos, mais precisamente no dia da criação, o anjo e o diabo saíram de seus domínios e, sentados nas nuvens, começaram a jogar no mundo seus atributos.

O diabo jogou primeiro o orgulho.

– Olhe! – disse ele ao anjo.

E o mensageiro do céu viu o mundo depravado pelo desprezo de uns e a ira de outros. Mas o anjo sorriu docemente e jogou a caridade.

O diabo cerrou as sobrancelhas, mas, sem perder tempo, lançou às pessoas calmas e tranqüilas a volúpia.

Então, o anjo viu milhares de miseráveis se degradar. A mentira e a traição desceram sobre a terra. E o anjo se entristeceu, mas, inclinando-se sobre a nuvem, atirou para os homens o pensamento transcendente.

Os olhos e os corações dos homens elevaram-se aos céus. Houve novamente uma grande serenidade no mundo. E o anjo já olhava com um olhar triunfante o filho do inferno.

Mas, com um sorriso sarcástico, o diabo tirou de seu bolso um objeto redondo e reluzente e lançou-o através das brumas da noite.

– Olhe! – disse ele ao anjo.

E o anjo viu no rosto dos homens uma expressão que nada mais tinha de humano. As pessoas matavam-se, estrangulavam-se pelo pequeno pedaço de ouro, redondo e reluzente. O mundo estava cheio de dor e covardia.

O anjo cobriu o rosto com suas asas brancas e voou para longe, no céu.

O PESCADOR E O GÊNIO

Existiu, há muito tempo, um pescador. E, como todo pescador de profissão, todos os dias ele ia até a praia, pegava seu barco e remava para as águas profundas em busca dos melhores peixes.

Ora, um dia entre todos os outros dias, o pescador jogou sua rede e, depois de um bom tempo, tentou puxá-la de volta para o barco, mas, como estava muito pesada, não conseguiu. Tirou então a camisa e mergulhou para descobrir o que estava acontecendo. Um pote enorme, cheio de pedras e areia, prendia a rede no fundo. Ele a soltou e, pacientemente, lançou-a de novo, mais longe. Depois de uma hora, a rede estava ainda mais pesada. Novamente, ele tirou a camisa e mergulhou. O que a prendia, dessa vez, era um burro. Nos sonhos, o burro é sinal de fortuna, mas, na rede, o burro estava morto.

O pobre pescador, desalentado com sua sorte naquele dia, remou para mais longe e lançou, pela terceira vez, a sua rede. Com paciência, esperou uma hora e, quando a puxou, ah! Ele se alegrou: havia nela um vaso de cobre, um vaso de rei, esculpido, gravado e selado.

Tirando sua faca do bolso, o pescador lixou delicadamente o vaso e começou a retirar o chumbo que selava a tampa. Já ia esvaziar o vaso, quando pensou: "Pode ser que este vaso esteja cheio de ouro em pó. E o pó espalhar-se-ia com o vento..." Tirou mais uma vez a camisa e nela enrolou, com cuidado, o vaso. Remou, então, para a praia o mais rápido que pôde, até chegar num lugar seguro. Desenrolou o vaso e começou a esvaziá-lo suavemente. Nada acontecia. Nada saía de dentro do vaso.

Decepcionado, pensou: "Pelo menos, poderei ganhar algum dinheiro com este vaso, vendendo-o no mercado." Já se preparava para recolher a rede, quando, de repente, uma fumaça começou a insinuar-se para fora do vaso.

E a fumaça, crescendo, crescendo, subiu até os céus e se transformou num gênio enorme, que tinha os pés no chão e a cabeça nas nuvens.

Apavorado, o pescador encolheu-se todo, como um avestruz.

– Eh, humano! Levante-se e escolha sua morte, em um minuto.

O pescador levantou-se bem devagar e disse:

– Quanto a me levantar, faço-o sem problemas. Mas quanto a escolher minha morte, será que eu não poderia escolher alguma outra coisa no lugar?

– Sinto muito, humano. Escolha sua morte! Se você tivesse me libertado há três dias, eu o teria transformado no homem mais rico do mundo, porque, há três dias, eu ainda prometia fortuna àquele que me libertasse. Há milhões de anos, o rei Salomão aprisionou-me neste vaso, como punição pela rebeldia dos gênios, e atirou-me no fundo do mar. Para passar o tempo, durante cem anos eu repeti: "Aquele que me libertar, eu farei dele um rei." Mas como as frases são delicadas e frágeis! De tanto repeti-la, eu a gastei. Então, escolhi uma outra: "Aquele que me libertar, eu farei dele um homem rico, riquíssimo." Mas essa frase também se gastou. E, de cem em cem anos, fui gastando todas as frases. Então encontrei esta: "Aquele que me libertar, eu matarei em um minuto." Portanto, escolha sua morte!

– Mas – disse o pescador – não fui eu que o libertei. Aliás, faz muito tempo que a liberdade não se dá a ninguém. Os tempos mudaram, sabe? A liberdade se conquista. Vou contar-lhe uma história. Escute-a:

> *Era uma vez um mercador que viajava pela China. Num dos mercados, ele comprou um pássaro magnífico. Um pássaro da China. Ele o levou para casa e o colocou numa gaiola de ouro. A cada dia que se passava, o mercador ficava mais e mais encantado com seu pássaro, até que, no final, quando chegava em casa, já nem dava mais atenção a sua mulher e a seus filhos: ia, antes de tudo, admirar o pássaro. Ele já não tinha mais olhos para sua mulher, apenas para o pássaro da China. E, quando saía, seu último olhar era para o pássaro.*
>
> *Um dia, o mercador precisou voltar à China para fazer novos negócios. Antes de partir, ele foi ver o pássaro e disse:*
>
> *– Meu amigo, eu vou a seu país. Você gostaria que eu lhe trouxesse algo especial? Qualquer coisa, peça qualquer coisa.*
>
> *Após um momento de silêncio, o pássaro disse:*
>
> *– Minha liberdade é tudo o que quero.*
>
> *– Sua liberdade? E eu, então? O que seria de mim sem você? Não, não e não! Escolha outra coisa. Há tantas coisas na China...*
>
> *O pássaro pensou um pouco e disse:*
>
> *– Se você não pode me dar a liberdade, vá até os limites da floresta, onde fui capturado, encontre meu bando e conte a eles qual tem sido o meu destino.*

O mercador partiu e, como todos os mercadores, vendeu e comprou. Mas, antes de voltar, foi até os limites da floresta, encontrou o bando de seu pássaro e contou a todos os pássaros do bando a história dele. E, quando terminou, um pássaro magnífico, parecido com o seu, caiu fulminado no chão, bem a seus pés. Ele tentou reanimá-lo, mas nada: o pássaro estava morto.

"Ai, mas que tristeza", pensou o mercador. "Que notícia desagradável eu terei para o meu pássaro..." E assim, preocupado, voltou para casa.

Pela primeira vez depois de tanto tempo, ele foi ver sua mulher antes de ver o pássaro. Três dias se passaram e, já não podendo mais sustentar aquela situação, resolveu enfrentá-la. Aproximou-se suavemente da gaiola e disse:

– Meu amigo, estou voltando da China e lhe trago uma notícia que não é boa.

– Triste? – perguntou o pássaro. – Conte-me logo. O que é triste para você talvez não seja para mim.

– Oh! – disse o mercador. – Eu duvido.

Mal acabou de contar todo o ocorrido, e seu pássaro caiu fulminado no fundo da gaiola.

O mercador bateu no peito, em desespero.

– Ó, meu Deus, não foi o mal dele que causei, foi o meu próprio!

Chorou e desesperou-se, mas o que estava feito estava feito. É assim na vida: chorar adianta pouco nessas situações.

O mercador então abriu a porta da gaiola e retirou de lá o seu pássaro. Colocou-o na janela e correu para buscar água, pensando que poderia reanimá-lo. Quando voltou, o pássaro tinha voado e estava num galho de árvore, onde não podia ser capturado. Antes de alçar vôo, ele disse ao mercador:

– Você vê? A notícia não era triste para mim. Graças a você, meu irmão mandou-me a seguinte mensagem: "A liberdade não se dá; ela se conquista."

E alçou vôo em direção à China.

– Você vê? – disse o pescador ao gênio. – Há muito tempo que a liberdade é uma conquista. Você a conquistou. Então, por que me matar?

– Eu tenho pressa – disse o gênio. – Não me faça mais perder tempo. Vamos, escolha sua morte, antes que ela o escolha.

– Está bem. Se for o momento de morrer, é o momento de morrer. Mas antes eu queria lhe dizer uma coisa. Não acredito que você tenha saído deste vaso, pois ele é muito pequeno para que você caiba nele. Você está mentindo e não poderá me provar que saiu deste vaso.

– Ah, não? – disse o gênio, enfurecido.

E começou a se encolher, encolher e encolher, com o único propósito de não se dar por vencido, até que entrou novamente no vaso.

O pescador pegou rapidamente a rolha e, com ela, lacrou o vaso, bem lacrado. Levou-o para bem longe no mar e jogou-o no fundo, onde ele continua até hoje.

O HOMEM CUJO TEMPO ESTAVA ALTERADO

Havia, certa vez, um rico negociante que vivia em Bagdá. Tinha uma casa excelente, pequenas e grandes propriedades e embarcações que navegavam para as Índias com mercadorias valiosas.

Tudo isso ele obtivera por dois meios: uma herança que recebera e os conselhos e orientações do Rei do Ocidente, como era chamado o sultão de Córdoba. Com essas duas coisas, ele trabalhou muito e, como os empreendimentos certos, no lugar certo e na hora certa sempre dão certo, ele enriqueceu rapidamente.

Foi então que algo não correu bem. Um governante estúpido e opressor subiu ao trono e aumentou tanto os impostos, que o rico negociante de Bagdá acabou vendo suas terras e casas confiscadas. Seus navios, a caminho das Índias, foram surpreendidos por terrível furacão e naufragaram. A série de desgraças acabou afetando sua família e seus negócios. Até os verdadeiros amigos já não conseguiam estar em harmonia com ele.

Então, o negociante resolveu viajar até a Espanha, para encontrar o Rei do Ocidente, aquele que lhe dera conselhos tão valiosos e se mostrara seu amigo.

Mas, durante o trajeto, uma série de novas desgraças aconteceu. Seu cavalo morreu e ele foi capturado por mercadores de escravos e vendido numa praça de mercado. Com grande dificuldade, conse-

guiu escapar. O sol do deserto castigava-lhe a pele, aldeões rudes expulsaram-no de suas portas. Aqui e ali, ele conseguia água e um pouco de comida com um dervixe. Suas roupas já eram molambos esfarrapados quando, finalmente, depois de três anos, chegou ao palácio do Rei do Ocidente.

No entanto, seu estado era tão deplorável, que nem os guardas o deixaram entrar. Então, ele pediu um emprego humilde no palácio, assim poderia conseguir algum dinheiro e comprar roupas distintas para apresentar-se diante do rei.

O sofrimento tinha feito dele um homem tão embrutecido, que teve também de tomar aulas com o chefe de cerimônias, antes de se apresentar.

Mas, durante todo esse tempo, não se esquecia de que estava próximo do rei, de sua bondade.

Quando finalmente foi levado à presença do rei, o monarca o reconheceu de imediato, perguntou-lhe como estava e deu-lhe um lugar de honra a seu lado.

– Majestade – disse o mercador –, tenho sofrido imensamente nestes últimos anos.

O rei quis saber toda a história, e ele a contou. Quando terminou, disse:

– Estou aqui para me colocar nas mãos de sua misericórdia.

O rei chamou um assistente e disse-lhe:

– Dê a este homem cem ovelhas e faça dele um pastor real.

Desalentado, pois a generosidade do rei parecera-lhe muito aquém do esperado, o mercador afastou-se, com as saudações de praxe. Foi conduzido às montanhas com as cem ovelhas, recebeu uma pequena casinha como morada e instruções de como cuidar das ovelhas. Ele nunca havia pastoreado ovelhas. Na verdade, aquilo nada tinha a ver com ele.

Mal havia se instalado, suas ovelhas foram acometidas por uma doença e morreram todas. Ele voltou ao palácio.

– Como estão suas ovelhas? – perguntou o rei.

– Majestade, elas morreram assim que as levei para as montanhas.

O rei chamou seu assistente.

– Dê a este homem cinqüenta ovelhas e deixe que cuide delas.

Sentindo-se envergonhado e confuso, o pastor levou suas cinqüenta ovelhas para a montanha. Elas começaram a pastar normalmente, mas de súbito apareceram os lobos, e as que não foram devoradas caíram no abismo quando tentavam escapar.

Muito aflito, o mercador voltou à presença do rei e contou-lhe o que ocorrera.

– Está bem. Agora, leve 25 ovelhas e continue como antes.

Aturdido, desesperançado, envergonhado e sentindo-se incapaz, o mercador partiu com suas 25 ovelhas.

Mas, tão logo chegou à montanha, elas começaram a parir gêmeos e quase duplicaram o rebanho. As ovelhinhas eram gordas, lanosas, e o mercador observou que, vendendo algumas, poderia adquirir muitas outras, fracas de início, que se recuperariam e logo pareceriam uma nova raça. Assim, ao final de mais três anos, regressou à Corte, muito bem-vestido e levando um relatório sobre a melhoria do rebanho durante sua administração.

O rei admitiu-o logo à sua presença.

– Então agora você é um próspero pastor?

– Sim, é verdade, Majestade. De uma forma que me parece incompreensível, minha sorte mudou e tudo dá certo, embora eu continue não gostando de criar ovelhas.

O rei deu uma boa gargalhada e disse:

– Muito bem. Mais além, fica o reino de Sevilha, cujo trono me é adjudicado. Vá para lá e que todos saibam que eu o faço rei de Sevilha.

E, assim dizendo, tocou-lhe no ombro com o bastão real.

Sem poder se conter, o mercador exclamou:

– Mas por que então, Majestade, não me fez rei de Sevilha da primeira vez que me apresentei aqui? Estava testando minha paciência, já tão exigida? Ou queria ensinar-me algo?

O rei sorriu e disse:

– Meu amigo, se você tivesse assumido o governo de Sevilha no dia em que levou as cem ovelhas, hoje não haveria ali pedra sobre pedra. Naquele momento, o seu tempo estava alterado. Foi necessário esperar que ele se harmonizasse novamente.

A CRIAÇÃO E A DESTRUIÇÃO DO MUNDO

Foi Tiramãe Tujá quem contou esta história.

Tiramãe Tujá era um índio guarani que tinha a idade e a sabedoria dos grandes jequitibás.

E ele nunca se sentia à vontade no meio da chamada civilização. Um dia, comentou com um amigo:

– A alma desse povo da cidade é uma alma de pedra, que nem a de um dos irmãos gêmeos que criaram as coisas da terra.

– E como é que é mesmo a história desses gêmeos? – quis saber o amigo.

E Tiramãe Tujá contou assim:

> *No início dos tempos, quando não havia nada, havia só Tupã, o Criador, o Senhor de si mesmo. Foi então que Tupã resolveu colocar na Grande Roça (que era o nada) dois irmãos gêmeos: Nhanderequei e Nhanderuvutsu, dois curumins, para que eles cultivassem o mundo.*
>
> *Deu, então, a cada um deles um* popyguá, *isto é, uma vara que tem o poder de criar.*
>
> *Os dois curumins saíram caminhando com suas varas.*
>
> *Aí, um deles girou o* popyguá *e inventou o céu. Os dois acharam aquilo muito engraçado e começaram a rir. O outro também girou sua varinha e fez surgir as estrelas.*
>
> *Parecia uma grande brincadeira e, assim, os dois foram criando, sem parar. Rios, pedras, matas, tatus, tatuíras e baratas. Montanhas, peixes, cores, a relva, o vento e as flores. Até que, de tanto inventar, os dois ficaram cansados.*
>
> *Pararam para descansar e ficaram com fome. Então, um deles girou a varinha e da terra brotaram as mangas, os abacaxis e as bananas.*
>
> *Depois tiveram vontade de ter um abrigo. Foi só uma girada na varinha, e apareceram as ocas.*
>
> *Sobre a criação das mulheres, a história não fala nada. Mas imagino que elas devem ter sido criadas junto com as fontes, as libélulas e as maritacas.*
>
> *Só sei que, quando os gêmeos se deram conta, o mundo estava todo criado. E eles continuaram achando tudo muito engraçado.*
>
> *Até que, um dia, Nhanderequei riscou com a vara uma área, fez ali o desenho de todas as coisas que ele havia criado e disse:*

– Isto é tudo meu.

Nhanderuvutsu disse:

– Está bem.

E afastou-se do irmão e foi criando, sozinho, outras coisas.

Um dia, o irmão apareceu na sua frente, cheio de criações, e disse:

– Tudo o que você está criando está errado. As coisas que eu crio são muito mais bonitas. Chega pra lá, que eu quero colocar aqui as minhas criações.

Nhanderuvutsu afastou-se, dando lugar para o irmão, e ficou morando lá no interior da mata, enquanto Nhanderequei ia tomando conta de tudo.

Mas havia um segredo deixado por Tupã nos popyguás*: se eles não fossem usados com o mesmo peso e a mesma medida pelos dois irmãos, uma das varinhas iria destruir tudo o que já havia sido criado e, ao final, até o próprio criador.*

A história de Tiramãe Tujá acaba aqui.

E, agora, vocês vão me perguntar: "E o que foi que aconteceu?"

E eu vou dizer: "Também não sei. O tempo é que vai dizer. Porque esta é a história da criação do mundo e, também, da sua possível destruição. Cabe a nós, o povo do coração de pedra, decidir: vamos pelo caminho da ganância, ou vamos aprender a compartilhar com todos os seres a tarefa de reinventar a vida? A história está em aberto."

Uma gota de mel

Numa aldeia distante daqui, um homem abriu um pequeno mercado. Ele não ganhava muito, mas naquele tempo não era preciso uma tonelada de dinheiro para viver dignamente.

Numa bela manhã, a porta do mercadinho abriu-se diante do primeiro cliente do dia. Era o camponês da aldeia vizinha, segurando numa das mãos seu grande bastão de pastor e seguido por seu cão enorme.

– Bom dia, meu amigo, disse gentilmente. – Eu preciso de um pouco de mel.

O mercador, muito afável, respondeu:

– Bom dia, senhor camponês. Seja bem-vindo! Que belo cão o senhor tem, hein? Mel, foi o que o senhor pediu. Eu o tenho da melhor qualidade. O senhor trouxe o pote? Que quantidade deseja?

– Dê-me duas conchas! Então o senhor acha bonito meu cão... É verdade, e ele é o ser que mais amo no mundo. Meu fiel companheiro é muito inteligente... Precisa vê-lo no trabalho!

Concordando com gestos de cabeça, o mercador mergulhou a concha no tonel de mel e começou a colocar no pote do camponês a quantidade que pedira.

Enquanto fazia isso, uma gota de mel, tendo transbordado da concha, escorreu até o chão.

No mesmo instante... Dzzzzz... *Uma mosca, que apareceu ninguém sabe de onde, voou direto sobre a gota de mel.*

O gato do mercador, que fingia cochilar num canto mas estava atento a tudo o que se passava, observou a manobra da mosca. De um salto e num piscar de olhos, esmagou a mosca com um só golpe da pata.

Até então, o cão fingia ignorar a presença do gato. Porém, irritado pelo gesto inesperado de seu inimigo hereditário, saltou-lhe em cima.

Latidos coléricos, miados estridentes, mordidas e arranhões...

Antes que os homens tivessem tempo de fazer qualquer gesto, o corpo do gato caiu duro aos pés de seu dono.

– Oh! Esse bruto! Sujo cão! O que fez com meu gatinho?!!!

Cego de raiva, o mercador passou a mão no que estava mais próximo e atirou na cabeça do cão.

– Tome isso e mais isso e mais isso!

O cão não precisou de mais para cair duro ao lado de sua vítima.

– Selvagem! Assassino! Ó, meu Deus! Ele massacrou meu cão... Meu único amigo! Meu ganha-pão! Que vou fazer agora? Maldito, você e os seus!

E o camponês pegou seu bastão e avançou sobre o mercador. Louco de raiva e tristeza, bateu nele com tanta força e tanto que, não demorou muito, o mercador caiu morto, ao lado do cão.

– Socorro, um assassino!

De uma rua à outra, a notícia da morte brutal do mercador espalhou-se na aldeia, como pólvora.

– Massacraram nosso mercador... Corram todos. Peguem o assassino!

As lágrimas misturavam-se com os gritos de raiva e vingança.

Ninguém podia imaginar que cabia tanta gente naquela aldeia. Homens, mulheres e crianças corriam de todos os lados. Pais, filhos, irmãos, tios, primos, primas, sogro, sogra, padrinhos e amigos do mercador agarraram o camponês e devolveram seu feito na mesma moeda.

– Bruto, assassino, selvagem! Onde já se viu isso? Você veio fazer compras ou matar as pessoas na sua própria casa?

Bateram tanto que logo estava o corpo do camponês estendido ao lado do mercador, que estava ao lado do cão, que estava ao lado do gato, que estava ao lado da mosca.

Na aldeia vizinha, chegou a notícia.

– Corram todos. Vingança! Nosso camponês foi morto... É preciso vingança!

Os habitantes da aldeia do camponês, armados de pedras, paus, machados e tudo mais que encontraram por perto, uns a pé, outros a cavalo, quem ia a pé tinha os pés descalços, quem ia a cavalo tinha camisa de festa, atacaram a aldeia inimiga...

– É impressionante! São um bando de loucos! Você vai fazer suas compras, deixa seu dinheiro com eles e é assim que agradecem? Juntam-se todos e o massacram? Avante todo mundo! Sem piedade para com os covardes! Vamos mostrar com quantos paus se faz uma canoa.

A vingança foi terrível... Bateram, mataram, saquearam, incendiaram...

Os que sobraram fizeram o mesmo...

Logo não havia restado nenhuma das duas aldeias e nenhum de seus habitantes. Apenas cinzas e desolação...

Por desgraça, essas duas aldeias, tão próximas uma da outra, pertenciam a dois países diferentes.

O rei do primeiro, avisado da destruição de sua aldeia fronteiriça, reuniu, encolerizado, seu estado-maior militar e deu a ordem para que lessem a proclamação de guerra em todos os cantos do reino...

O rei do outro país não demorou a reagir e tornou pública sua própria proclamação.

E foi a guerra... Uma guerra terrível e sangrenta...

Os dois países acabaram mergulhados no sangue e nas cinzas... Durante o verão, o inverno, o outono... Anos e anos...

Os campos de trigo transformaram-se em campos de batalha. As fazendas foram devastadas.

A guerra provocava mais e mais raiva e trazia mais e mais fome.

Os que por milagre sobreviveram, ainda se perguntam como e por que tudo aquilo tinha começado.

O burro

Nasrudin levou seu burro ao mercado e pediu a um vendedor que o vendesse. O vendedor conseguiu juntar um bom número de interessados em volta do burro. Mas, quando o primeiro interessado, querendo saber a idade do burro, foi contar-lhe os dentes, o burro deu-lhe uma mordida. Outro mal havia se aproximado, e o burro deu-lhe um coice. E assim o burro afastou todos os interessados, um após o outro. O vendedor chamou Nasrudin e disse:

– Olhe, Nasrudin. É impossível vender esse burro. Ele é muito perigoso. Ataca qualquer um que se aproxime.

Nasrudin, compreendendo que não teria como vender seu burro no mercado, deu um profundo suspiro e respondeu:

– É, eu já sabia disso. Esse meu burro não vale nada. Eu só queria mesmo era mostrar às pessoas como eu sofro com esse burro.

Burro precioso

Um dia, Nasrudin ficou pobre. Tentando resolver a questão, discutiu o assunto com sua mulher e os dois decidiram que a solução seria vender o burro. Então, ele o levou ao mercado. Mas ninguém se aproximava, até que um comerciante se interessou e perguntou:

– Você quer vendê-lo?

– Sim.

O comerciante começou a examinar o burro:

– Ele não é um animal de boa qualidade... Está velho, magro, com os ossos aparecendo... Não transporta mais nada, nem carga nem gente... As unhas... Este animal está doente! Morrerá em uma semana... Mas você veio aqui para vendê-lo... Eu posso lhe dar apenas 10 moedas por ele. Alguns podem pagar com dinheiro, outros com preces. Como você é um homem de fé, reze por mim e lhe farei esse favor.

A venda não era satisfatória. Nasrudin queria vender seu burro por, pelo menos, 25 ou 35 moedas. No final, conseguiu arrancar do comerciante 15 moedas.

Já ia se afastando, quando observou que as pessoas começavam a se juntar em volta do burro e do comerciante.

– Quem quer comprar este burro? Vejam que ossatura sólida! É um burro de origem cipriota, jovem... Pode transportar gente e carga ao mesmo tempo! Dócil no trato, forte no trabalho.

Os compradores juntavam-se mais e mais.

– Eu dou 25 moedas...

– Eu dou 35 moedas...

– Eu dou 45 moedas...

Nasrudin começou a se interessar e gritou:

– Dou 50 moedas e fecho o negócio.

Assim, comprou o burro e voltou para casa.

A mulher, vendo-o chegar de volta com o burro, disse:

– Mas você não ia vendê-lo?

– Eu o vendi por 15 moedas, mas comprei-o de volta por 50 moedas.

– Nasrudin!!!

– O que você pensa, mulher? O nosso burro tem inúmeras virtudes que não conhecíamos. Se eu não tivesse pago 50 moedas por ele, teríamos perdido um grande negócio.

O JUIZ CORRUPTO

Nasrudin precisava da assinatura do juiz para se ver livre de uma ação na justiça. Ele soube que o juiz em questão só dava sua assinatura em troca de algum mimo. Nasrudin soube também que o juiz adorava mel.

Pegou então um grande pote, encheu-o de barro e, por cima, colocou uma fina camada de mel. Com o documento a ser assinado e o pote de mel, foi até a casa do juiz.

O juiz atendeu-o com certo mau humor, mas assim que viu o pote perguntou:

– O que você quer?

– Quero lhe oferecer este pote de mel e pedir uma assinatura aqui.

O juiz apressou-se em assinar o papel e, devolvendo-o a Nasrudin, pegou o pote. Nasrudin pegou o papel e desapareceu dali.

Alguns dias depois, o oficial de justiça veio a sua casa.

– Nasrudin, o juiz pede para você levar o documento que ele assinou, porque precisa ser trocado. Ele se enganou e precisa consertá-lo. Há nele um erro que pode complicá-lo.

– Diga ao juiz que, se há algum erro em algum lugar, ele está no pote de mel, e não no documento.

A APOSTA DO CALIFA

Um califa cruel e avarento era obcecado por apostas. Mas era tão cruel e avaro, que só ele fixava os termos das apostas, para não correr nenhum risco, e assim ia enchendo seus cofres. Os cortesãos faziam de tudo para evitar jogar com ele.

Numa manhã, enquanto atravessava o pátio, o califa viu uma grande pilha de tijolos de pedra que os operários haviam colocado num canto e que seriam usados para a construção de uma grande represa.

Ele reuniu todos e gritou:

– Quem quer apostar comigo?

Ninguém respondeu.

Ele repetiu a oferta e ninguém respondeu...

– Eu aposto que ninguém é capaz de transportar essa pilha de tijolos, com suas próprias mãos, de um lado para o outro do pátio, antes do cair do sol! Quem quer apostar?

Todos se escondiam, ficando de cabeça baixa ou dissimulando atrás das pilastras, porque aquele era um trabalho impossível de ser realizado.

De repente, um jovem operário pôs-se à frente e perguntou:

– Qual será o prêmio da aposta?

– Dez jarras de ouro, caso ganhe.

– E se eu perder?

– Trabalhará de graça para o reino e sem direito a aposentadoria.

O jovem operário refletiu um instante e disse:

– Estou pronto a aceitar a aposta, mas com uma condição suplementar.

– Fale – disse o califa.

– O califa – disse o jovem – poderá parar o jogo a qualquer momento e, nesse caso, eu terei direito a apenas uma jarra de ouro.

O califa pensou um pouco, mas não via armadilha possível naquela proposta. Parecendo-lhe ser uma condição viável, embora esquisita, aceitou-a.

O jovem começou a transportar os tijolos de um lado para o outro, com suas mãos, observado pelo califa e por toda sua Corte. Depois de uma hora, ele tinha transportado uma quantidade ínfima de tijolos, mas, misteriosamente, ele sorria.

– Por que você sorri? – perguntou-lhe o califa. – Não vê que já perdeu? Você nunca chegará ao fim!

– Você se engana. Eu estou certo de que ganharei.

– Como?

– Porque você se esqueceu de uma coisa, e é por isso que sorrio.

– O que foi que esqueci?

– Oh, uma coisa muito simples.

O jovem continuava a ir e vir, deixando o califa numa reflexão obscura. O que, afinal, ele teria esquecido? Ele repassava na me-

mória cada palavra, cada frase trocada com aquele operário, mas nada descobria de errado. Após três horas de trabalho, a pilha parecia a mesma. Três ou quatro dias não seriam suficientes para o operário concluir aquela tarefa. No entanto, uma inquietação tinha se aninhado no coração do califa.

Quatro horas de trabalho, e o jovem continuava a sorrir.

– Você continua certo de que vai ganhar?

– Certíssimo!

– O que foi que eu esqueci? Diga-me, eu avaliei mal esta montanha de tijolos? Sou vítima de uma ilusão?

– Oh, não! – respondeu o jovem. – É uma coisa muito mais simples que isso.

E continuava seu vaivém.

Cinco horas depois, o califa já mostrava sinais de agitação.

– Você continua acreditando que vai ganhar?

– Estou mais certo que antes!

– Mas veja! A pilha está enorme e você só tem quatro horas antes do cair do sol. Como espera ganhar?

Atravessando o pátio com mais alguns tijolos, o rapaz repetiu:

– Já lhe disse. Você se esqueceu de uma coisa muito simples.

Os olhos do califa tornaram-se sombrios. Ele repassava mentalmente todos os elementos do problema, à procura de uma falha que pudesse colocar seu tesouro em risco.

Suando e preocupado, ele pediu a opinião de seus conselheiros. Mesmo os mais espertos não chegavam a uma conclusão.

Seis horas haviam se passado, e o califa via que o jovem, apesar do cansaço, continuava a sorrir.

– Por que você sorri?

– Porque vou ganhar um tesouro.

– Isso é impossível! O sol já está na segunda metade do céu e a pilha continua alta. Não tem como ganhar.

– Você se esqueceu de uma coisa muito simples.

– O que foi que eu esqueci? – gritou, irritado, o califa. – Você vai utilizar algum sortilégio? Por acaso é um mágico que faz as coisas desaparecer? Fantasmas vão ajudá-lo no final?

– Não – respondeu o rapaz. – É muito mais simples que isso.

O califa convocou os matemáticos e os astrólogos. Eles mediram as duas pilhas de tijolos de pedra e observaram o sol em seu curso, mas não chegaram a uma conclusão.

Na sétima hora, vendo que o operário continuava tranqüilo, ele gritou:

– Só lhe resta uma hora. Veja, compare os dois montes! Você não tem como conseguir.

– Eu repito – respondeu o jovem. – Você se esqueceu de uma coisa muito simples.

– O que foi que esqueci?

– Quer parar o jogo e saber?

– Sim! Eu paro!

– Dê-me, antes, a jarra de ouro.

– Sim, eu lhe dou. Mas agora diga-me: que coisa simples é essa que me faria perder meu tesouro?

O jovem colocou no chão o tijolo que carregava e, como o jogo terminara a seu favor, disse ao califa:

– Você não prestou atenção à condição suplementar que lhe pedi.

– Mas eu não pensei em outra coisa!!!

– Sim, mas sem compreender que, para mim, uma jarra de ouro, uma apenas, é um tesouro inestimável. Desde o início, eu sabia que não me seria possível ganhar as dez jarras. Eu só queria uma jarra, porque é só disso que necessito. Enquanto você apostava dez jarras, eu apostava apenas uma!

– Mas que coisa simples é essa que eu esqueci?

– Você esqueceu que poderia perder a confiança em si mesmo, e essa é a mais simples das coisas.

O califa ficou em silêncio.

O jovem operário pegou sua jarra de ouro, atravessou o pátio e saiu.

O QUE HÁ DE MELHOR NESTA VIDA

Certa vez, Peroun, o grande deus da Podlachie, estava mergulhado em profunda reflexão sobre a felicidade da raça humana. Deuses, deusas e fadas vieram juntar-se a ele. Peroun então disse ao deus do amor:

– Seja nosso juiz, o que há de melhor nesta vida?

– Eu penso ser o amor.

Mas a deusa da beleza interrompeu e disse, enquanto alisava suas longas tranças:

– Ah, não! O melhor desta vida é o charme, a graça.

Muitos outros deuses vieram dar sua opinião, e Peroun ouviu muitas opiniões diferentes. De repente, o grande deus levantou sua cabeça branca e chamou a deusa da morte, que até então não se manifestara. Ela se aproximou, bela e sombria com suas vestes negras e tecidas com as noites profundas, bordadas com pérolas de lágrima e rubis de sangue.

– O que queres de mim?

E Peroun disse:

– Escute, deusa da morte, você que sabe destruir tudo o que minha sabedoria criou, exceto o que fiz imortal, seja nossa juíza e nos diga: qual é a melhor coisa desta vida?

A deusa da morte fixou todos os deuses e deusas com seu olhar penetrante e glacial, e ordenou que passassem um a um a sua frente. O deus do amor veio primeiro, com passos um tanto hesitantes, e, enquanto passava, deixou cair de sua túnica milhares de rosas perfumadas que cobriram a terra. Em seguida, veio a deusa da sabedoria. Ela esmagou as rosas e, no lugar delas, deixou cair camélias frias e sem perfume. Em seguida, passou a deusa do prazer semeando papoulas rubras. A deusa da tristeza veio em seguida e, esmagando tudo o que ali havia, fez cair flores-de-lis azuis. A deusa dos sonhos passou destruindo as flores-de-lis azuis. Deixou em seu lugar ciclamens. Muitos outros passaram, e sempre esmagavam o que ali se encontrava.

A deusa da morte pediu que passassem ainda outra vez pelo mesmo caminho. E nada mais restava naquela terra quando acabaram de passar, exceto uma florzinha roxa e com o miolo dourado que teimava em florescer, intacta. Uma pequena deusa, vestida com um longo manto lilás, plena de uma serenidade mística, as havia semeado no caminho dos outros deuses. Perto dela, a deusa da morte sentiu pela primeira vez sua impotência diante da criação de Peroun.

Ela se voltou então para o grande deus e disse:

– O que há de melhor nesta vida eu não sei, mas sei o que há de mais forte. Essas flores foram semeadas pela deusa das recordações.

E Peroun, então, batizou essas flores com o nome de perpétua.

Por isso se diz que a morte só existe onde não há memória.

ÍNDICE DE CONTOS

1. **O rei do tempo** (tradição da Podlachie) XVII
"La légende du temps" (Kasterska, 1928, pp. 49-53).
Tradução e reconto: Gislayne Avelar Matos.
2. **O comprador de sonhos** (tradição mexicana) 11
"Le rêve acheté" (Schnitzer, 1977, pp. 65-84).
Tradução e reconto: Gislayne Avelar Matos.
3. **Por que os contadores de histórias têm boa memória e apreciam os bons vinhos** (tradição africana) 23
"Pourquoi les conteurs ont bon apétit et bonne mémoire" (Bloch, 1997).
Tradução: Márcio Antônio de Sá.
Reconto: Gislayne Avelar Matos e Inno Sorsy.
4. **O melhor contador de histórias** (tradição africana) 38
Tradução: Cecília Andrés Caram (s.n.t.).
Reconto: Inno Sorsy (em inglês).
5. **O lobo, o porquinho, o pato e o ganso** (tradição européia) 41

"El lobo, el cerdito, el pato y la oca" (Bryant, 1995, pp. 135-8).
Tradução: Reparata Gislayne Avelar Matos.

6. **Como o Sol passou a brilhar no mundo** (tradição africana) 43
Tradução: Cecília Andrés Caram (s.n.t.).
Reconto: Inno Sorsy (em inglês).

7. **A faca do rei** (tradição africana) 46
Tradução: Cecília Andrés Caram (s.n.t.).
Reconto: Inno Sorsy (em inglês).

8. **A felicidade não está onde você pensa** (tradição sufi) 47
"La felicidad no está donde la buscas" (Shah, 1985, p. 112).
Tradução e reconto: Gislayne Avelar Matos.

9. **Eros e Psiquê** (mitologia grega) 48
"Cupidon et Psiché" (Hamilton, 1978, pp. 107-16).
Tradução e reconto: Gislayne Avelar Matos.

10. **O caboclo, o padre e o estudante** (tradição nordestina) 61
Compilação: Luís da Câmara Cascudo (1986, p. 213).

11. **Os três tolba** (tradição libanesa) 62
"Les trois tolba" (em: *Deux grains de grenade*, 1981, pp. 56-61).
Tradução e reconto: Gislayne Avelar Matos.

12. **A origem do Sol** (tradição da Oceania) 72
Em: Régis Morais, org. (1988, p. 47).

13. **A origem da tribo Kayapó** (tradição indígena) 72
Compilação: Curt Nimuendaju (1986, p. 81).

14. **A Princesa da Água da Vida** (tradição sufi) 76
Em: *Histórias da tradição sufi* (1993, pp. 244-6).

15. **O príncipe serpente** (tradição européia) 78
Adaptação livre e reconto: Gislayne Avelar Matos, a partir da narração do contador francês Michel Hindenock (1987).

16. **O leão e as outras feras** (tradição grega) 84
Em: *Fábulas de Esopo* (1994, p. 32).
17. **A capa velha** (tradição judaica) 84
Em: Nathan Ausubel (1989, p. 48).
18. **O preço da inveja** (tradição judaica) 85
Em: Nathan Ausubel (1989, p. 386).
19. **A lenda de Lagoa Santa** (tradição mineira) 87
Reconto: Gislayne Avelar Matos (s.n.t.).
20. **A lenda do amor** (tradição grega) 89
Reconto: Roberto de Freitas (s.n.t.).
21. **Por que a água do mar é salgada** (tradição da Escócia) 90
Adaptação livre e reconto: Gislayne Avelar Matos, a partir da narrativa da contadora escocesa Fiona MacLeod (s.n.t.).
22. **A lenda da vitória-régia** (tradição indígena) 93
Reconto: Roberto de Freitas (s.n.t.).
23. **O carpinteiro e o ferreiro** (tradição cristã) 93
Compilação: Oswaldo Elias Xidieh (1985, p. 68).
24. **Longuinho, o soldado cego** (tradição cristã) 95
Compilação: Oswaldo Elias Xidieh (1985, p. 69).
25. **O pintarroxo** (tradição cristã) 96
Compilação: Oswaldo Elias Xidieh (1985, p. 68).
26. **Deus é mais forte** (tradição sufi) 98
Em: *Histórias da tradição sufi* (1993, pp. 142-3).
27. **Uma história sem fim** (tradição européia) 99
Compilação: Luís da Câmara Cascudo (1984, p. 332).
28. **A casa mal-assombrada** (tradição nordestina) 102
Compilação: Altimar de A. Pimentel (1995, pp. 250-2).
29. **O homem dos pés de quenga** (tradição nordestina) 107
Compilação: Altimar de A. Pimentel (1995, pp. 59-60).

30. **Negócios com o Diabo** (tradição nordestina)....... 109
Compilação: Altimar de A. Pimentel (1995, pp. 33-5).
31. **Pão de queijo para o velório** (tradição mineira) 112
Adaptação livre: Gislayne Avelar Matos, a partir da narração de Olavo Romano.
32. **A sabedoria dos cemitérios** (tradição cristã/ padres do deserto/anedota de Nasrudin) 113
"La sagesse des cemitières" (Carrière, 1998, p. 137).
Tradução e reconto: Gislayne Avelar Matos.
33. **A madrinha Morte** (tradição mexicana)................ 115
Adaptação livre e reconto: Gislayne Avelar Matos, a partir de texto mimeografado (s.n.t.).
34. **O casal silencioso** (tradição sufi)........................... 123
Em: *Histórias da tradição sufi* (1993, pp. 202-3).
35. **A morte anunciada** (tradição mineira) 126
Compilação: Olavo Romano (1984, pp. 108-10).
36. **O prisioneiro recém-chegado**............................. 139
Reconto: Gislayne Avelar Matos, a partir da narração do mestre sufi Omar Ali Shah.
37. **Os pássaros**.. 159
Reconto: Rosângela Alves, contadora mineira (s.n.t.).
38. **O mandarim e o alfaiate** (tradição vietnamita).... 161
Reconto: Gislayne Avelar Matos (s.n.t.).
39. **A pedra na mão** (tradição chinesa) 162
Reconto: Gislayne Avelar Matos (s.n.t.).
40. **O essencial** (tradição árabe) 163
"L'essentiel" (Carrière, 1998, p. 158).
Tradução e reconto: Gislayne Avelar Matos.
41. **O dinheiro** (tradição da Podlachie)........................ 164
"L'argent" (Kasterska, 1928, p. 61).
Tradução e reconto: Gislayne Avelar Matos.
42. **O pescador e o gênio** (tradição árabe).................. 164
"Le pêcheur et le génie" (Carrière, 1998, p. 143).
Tradução e reconto: Gislayne Avelar Matos.

43. **O homem cujo tempo estava alterado** (tradição sufi)........ 168
Em: Idries Shah (1976, pp.183-6).
44. **A criação e a destruição do mundo** (tradição indígena)........ 171
Adaptação e reconto: Rosângela Alves e Júlia Neves, contadoras mineiras (s.n.t.).
45. **Uma gota de mel** (tradição armênia)........ 172
"Une goutte de miel". Compilação: Chaké Der Melkonian-Minassian (s.n.t.).
Tradução e reconto: Gislayne Avelar Matos.
46. **O burro** (anedota de Nasrudin)........ 175
"L'âne méchant" (Birant, 1989, p. 18).
Tradução e reconto: Gislayne Avelar Matos.
47. **Burro precioso** (anedota de Nasrudin)........ 175
"L'âne précieux" (Birant, 1989, p. 22).
Tradução e reconto: Gislayne Avelar Matos.
48. **O juiz corrupto** (anedota de Nasrudin)........ 177
Reconto: Gislayne Avelar Matos (s.n.t.).
49. **A aposta do califa** (conto árabe)........ 177
"Le pari du Khalife" (Carrière, 1998, pp. 282-5).
Tradução e reconto: Gislayne Avelar Matos.
50. **O que há de melhor nesta vida** (conto da Podlachie)........ 181
"Les immortelles" (Kasterska, 1928, pp. 113-7).
Tradução e reconto: Gislayne Avelar Matos.

Bibliografia

ALI SHAH, Omar e GRAVES, Robert. *Rubaiyyat: El poema original del mistico sufi Omar Khayaam.* Trad. direta do persa de Omar Ali Shah e Robert Graves. Trad. para o espanhol de Alejandro Calleja. Buenos Aires, Dervish International, 1982.

AUSUBEL, Nathan. *Um tesouro do folclore judaico.* Rio de Janeiro, Koogan, 1989.

BAKHTIAR, Laleh. *Le soufisme: expressions de la quête mystique.* Trad. ingl. Marie-France de Paloméra. Paris, Seuil, 1977.

BENJAMIN, Walter. *Benjamin, Habermas, Horkheimer, Adorno.* 2.ª ed. São Paulo, Abril Cultural, 1983 (col. Os Pensadores).

BIRANT, Mehmet Ali (ed.). *Nasreddine Hodja: un turc légendaire qui fait rire et fait réfléchir tout le monde.* Ankara, AND, 1989.

BLOCH, Muriel. *365 contes des pourquoi et des comment.* Paris, Gallimard, 1997.

BRYANT, Sara C. *El arte de contar cuentos.* Barcelona, Biblària, 1995 (col. Navidad).

CALVET, Louis-Jean. *La tradition orale.* Paris, PUF, 1984 (col. Que Sais-Je?).

CARRIÈRE, Jean-Claude. *Le cercle des menteurs: contes philosophiques du monde entier.* Paris, Pocket, 1998.

CASCUDO, Luís da Câmara. *Contos tradicionais do Brasil.* Belo Horizonte/São Paulo, Itatiaia/Edusp, 1986 (col. Reconquista do Brasil, 2ª série, v. 96).

——. *Literatura oral no Brasil.* 3ª ed. Belo Horizonte, Itatiaia; São Paulo, Edusp, 1984 (col. Reconquista do Brasil; nova série; v. 84).

CHEVRIER, Jacques. *L'arbre à palabres. Essai sur les contes et récits traditionnels d'Afrique noire.* Paris, Hatier, 1986.

CIRLOT, Juan Eduardo. *Dicionário de símbolos.* São Paulo, Moraes, 1984.

DETIENNE, Marcel. *Os mestres da verdade na Grécia arcaica.* Rio de Janeiro, Jorge Zahar, 1988.

DEUX GRAINS DE GRENADE. Paris, Maisonneuve et Larose, 1973; Gallimard, 1981.

ELIADE, Mircea. *Mito e realidade.* 5ª ed. São Paulo, Perspectiva, 2000.

ELIEZER, Joya. "Du mouvement au geste". Em *Art et Thérapie*, Blois, nº 54/55, dez. 1995.

FÁBULAS DE ESOPO. São Paulo, Companhia das Letrinhas, 1994.

FRAIBERG, S. H. *Les années magiques.* Paris, PUF, 1967, p. 15.

GAC, Paule. *Les pays merveilleux: les contes ont une histoire.* Alençon, Lieu Commun, 1986.

GRIAULE, Geneviève Calame. "La parole du conte chez les dogon". Em: *Art et Thérapie*, Blois, nº 36/37, dez. 1990.

HAMILTON, Edith. *La mythologie: ses dieux, ses héros, ses légendes.* Paris, Marabout, 1978.

HAMPÂTÉ BÂ, Amadou. *Petit Bodiel et autres contes de la Savane.* Paris, Stock, 1994.

HINDENOCH, Michel. "Agrandir sa voix". *Dire*, Nancy, nº 1, 1º trim. 1987.

Histórias da tradição sufi. Rio de Janeiro, Dervish, 1993.

Kasterska, Marya. *Légendes et contes de Podlachie*. Paris, Ernest Leroux, 1928.

Loiseau, Sylvie. *Les pouvoirs du conte*. Paris, PUF, 1992.

Martínez, Juan Maria. Em Harpur, James & Westwood, Jenifer. *Atlas do extraordinário*. vol. 2: Mitos e Lendas. Madrid, Edições Del Prado, 1989.

Morais, Regis (org.). *As razões do mito*. Campinas, Papirus, 1988.

N'Dak, Pierre. *Le conte africain et l'éducation*. Paris, L'Harmattan, 1984.

Nimuendaju, Curt. "Kayapó (horda Iraamáyre)". *Revista do Patrimônio Histórico e Artístico Nacional*, nº 21, Rio de Janeiro, Sphan, 1986.

Ong, Walter J. *Oralidade e cultura escrita: a tecnologia da palavra*. Trad. Enid Abreu Dobrásky. Campinas, Papirus, 1998.

Ornstein, Robert. *A mente certa: entendendo o funcionamento dos hemisférios*. Trad. Ana Beatriz Rodrigues e Priscila Martins Celeste. Rio de Janeiro, Campus, 1998.

Padovani, Ana. *Contar cuentos: desde la práctica hacia la teoría*. Barcelona, Paidós, 1999.

Péju, Pierre. *La petite fille dans la forêt des contes*. Paris, Robert Laffont, 1981 (col. Réponses).

——. "Déclin du conte, puissance du récit". Em *Lire au Collége*, Paris, nº 25/26, jun. 1990.

Pimentel, Altimar de A. *Estórias do Diabo: o diabo na criação do popular*. Brasília, Thesaurus, 1995.

Rilke, Rainer Maria. *Le livre de la pauvreté et de la mort*. Trad. e apres. Arthur Adamov. Paris, Actes Sud, 1982.

Rocheterie, Jacques de la. *La symbologie des rêves*. Paris, Imago, 1986.

Romano, Olavo. *Minas e seus casos*. São Paulo, Ática, 1984.

Savignac, Pierre H. *Contes berbères de Kabylie*. Montreal, Les Presses de l'Université du Québec, 1978.

SCHNITZER, Luda. *Le chanteur de tapis, contes de métiers.* La Farandole, 1977.

SCHWARZ, Fernando. *A tradição e as vias do conhecimento ontem e hoje.* Belo Horizonte, Nova Acrópole, s.d.

SEABRA, Zelita. *Tempo de Camélia: o espaço do mito.* Rio de Janeiro, Record, 1996.

SHAH, Idries. *Las hazañas del incomparable Mulá Nasrudin.* Barcelona, Paidós, 1985.

——. *Os sufis.* Trad. Octávio Mendes Cajado. Prólogo Robert Graves. São Paulo, Cultrix, 1977.

SIMONSEN, Michèle. *O conto popular.* São Paulo, Martins Fontes, 1987.

SYLVANDER, Bertil. "L'improvisation en clown – théâtre". *Art et Thérapie*, Blois, nº 34/35, jun. 1990.

URIBE, Verônica (ed.). *Contos de assombração.* 14ª ed. Trad. e adapt. Neide Maia Gonzalez. São Paulo, Ática, 2000.

XIDIEH, Oswaldo Elias. *Narrativas populares: estórias de Nosso Senhor Jesus Cristo e mais São Pedro andando pelo mundo.* Belo Horizonte/Rio de Janeiro, Itatiaia/Edusp, 1985 (col. Reconquista do Brasil, 2ª série).

ZARCATE, Catherine. "Portrait d'une conteuse". *Dire,* Paris, nº 1, primavera 1987.